JN258235

ASEANの統合と開発

インクルーシヴな東南アジアを目指して

石戸光
［編・著］

作品社

ASEANの統合と開発

――インクルーシヴな東南アジアを目指して

石戸　光（編・著）

はしがき

千葉大学では、2015年より千葉大学リーディング研究プロジェクト「未来型公正社会研究」（代表：水島治郎）の一環で“Chiba Studies on Global Fair Society”と冠して国際シンポジウムを企画・運営しており、2016年11月19日（土）には第二回目の国際シンポジウムとして「ASEANの統合と開発―メコン川とミャンマーから考える」（Whither the ASEAN Integration: the Case for Inclusiveness）を開催した。本書はその際の討議内容をASEAN研究者および広く皆さまにお伝えするものである。

ASEANは二〇一七年で設立から五十年を迎えたが、現在、ASEANに加盟する十カ国間には政治的・経済的・社会的な多様性が存在している。これら諸国間および国内の市民社会との「関係性」が断絶せず平和的に構築されていなければ、現在ASEANで進行する地域統合および開発の努力は、（EUにおいて英国が離脱表明をしたように）瓦解する可能性がある。このような問題意識のなかで、いま注目されているのが「インクルーシヴネス（inclusiveness、包括性、全員参加による社会構築）概念」である。

本書は、政治経済的・社会的な地域統合を進めるＡＳＥＡＮ（東南アジア諸国連合）にとって重要視されている「インクルーシヴネス（inclusiveness、包括性、全員参加による社会構築）概念」と公正な社会のあり方についての最新研究成果である。

企画の背景であるが、千葉大学は、大学の総合的なリーディング研究プロジェクトの一環としてグローバル社会における「公平さ」について大規模な研究をスタートしたところである。そして、ＡＳＥＡＮのインクルーシヴな発展という問題について討議していただくために、有名な国際研究機関から著名な方々を講師としてお招きした。ＡＳＥＡＮにおける貧困の軽減や雇用創出など、国内の様々な差し迫った問題に直面している国民国家の主権について本書では検討している。

本書の元になった国際シンポジウムでの発題者は多岐にわたった。まずは、海外からお招きした講師の皆様である。メコン・インスティテュート代表のワットチャラス・リーラワス氏である。タイからわざわざお越しくださった。そして、ＣＥＳＤミャンマー経済社会開発センターとミシガン州立大学のベン・ベルトン氏である。彼は英国国民だが、アメリカで研究し、現在はミャンマーを本拠地としている。ベルトン氏の同僚のオー・ヘイン氏は、ＣＥＳＤミャンマー経済社会開発センターの若手研究者である。海外からの討論者は、政治活動家で、映画俳優でもある、モー・ミン・ウー氏である。国内の講演者は以下の通りである。まず藤澤巌准教授にシンポジウムに貢献していただいた。次に五十嵐准教授もまたインクルーシブネスに関わるテーマについて貢献していただいた。そして、キョ・ティハ氏である。彼は千葉大学医学薬学部留学生である。続いては、チョー・チョー・ソー氏である。彼はここ日本で会社を経営しており、日本を拠点としている。最後に、濱田江里子特任研究員で、これらお二人とともに発題していただいた。また法的な問題についてもインクルーシブネスと深い関連性がある。千葉大学法科大学院の杉本和士准教授より、ミャンマーへの法的支援について発題していただいた。

各部概要紹介

イントロダクション：「インクルーシブネス」とは

公正な社会のあり方の一つとして「インクルーシヴネス（inclusiveness、包括性、全員参加による社会構築）」が社会的公正を具体的に実現していくために必要な考え方である。この概念は政治経済的・社会的な地域統合を進めるＡＳＥＡＮ（東南アジア諸国連合）においても重要視されている。ＡＳＥＡＮにおいては、加盟する10カ国間には政治的・経済的・社会的な多様性が存在しており、これら諸国間および国内の市民社会との「関係性」が断絶せず平和的に構築されていなければ、現在ＡＳＥＡＮで進行する地域統合は、（ＥＵにおいて英国が離脱表明をしたように）瓦解する可能性を常に内包している。このような問題意識の中で、本書は三部構成とする。以下はそれらの概略である。

第一部：メコン川流域の開発の課題

メコン川流域六カ国が加盟する国際機関であるメコン・インスティテュートの代表、ワットチヤラス・リーラワス氏より基調講演が行われ、格差なき社会発展を研究する同機関では、インクルーシヴネスを重視しており、農産物のバリューチェーン（原材料の生育から収穫、加工、流通という一連の活動のつながり）を同地域の様々な主体の参加を促していくべき点が提起された。

第二部：ミャンマーの開発について

ＡＳＥＡＮ加盟国の一つであるミャンマーにおいてもインクルーシヴな社会的意思決定は不可欠で、一三〇を超える民族を国内に抱える同国は、軍政からようやく脱し、アウン・サン・スー・チー氏らの主導する民主的な新政権の政策決定には世界からの期待が集まっている。このセッションでは、ミャンマー経済社会開発センター（ＣＥＳＤ、アウン・サン・スー・チー氏らの新政権に影響力を持つシンクタンク）スタッフのオー・ヘイン氏および同研究所に派遣されているベン・ベルトンン氏（ミシガン州立大学アシスタントプロフェッサー）らにより、水産物の加工が小規模な生産団体にも参画可能な形でインクルーシヴネスを確保していくことの重要性が詳細な農村調査に基づいて報告された。

続いて「日本はミャンマーとどのように関われるか」について、濵田江里子氏（千葉大学法政経学部特任研究員、政治学・比較福祉国家論）の主導の下、キョ・ティハ氏（千葉大学医学薬学留学生）とチョウチョウソー氏（ミャンマーの民主化関連の活動家、現在日本にてミャンマー料理のレストラン経営）のそれぞれが考えるミャンマーへの支援のあり方をお話しされた。今後のミャンマーにとって最も重要なことは教育を通じた人材育成であること、日本には経済的な支援だけでなく今後の国づくりを担っていく人材を育てるための支援をお願いしたいという点をお二人とも強調されていた。

在日ミャンマー人の政治難民「第一号」であり、俳優、政治活動家でもあるモーミンウー氏は、政治難民として「インクルーシヴネス」とは正反対の人生を送った。同氏のご母堂様（アウン・サン・スーチー氏とともに民主化運動を行い、日本に政治難民として息子の同氏とともに亡命してきた経緯を持つ）がご挨拶くださり、民主化運動故に親類・家族と引き離されることのやるせなさをお話しくださった。

また本セッションに関連して、杉本和士氏（千葉大学大学院専門法務研究科准教授、民事訴訟法）より発言いただき、ミャンマーの企業のための倒産法の整備事業にＪＩＣＡ関連プロジェクトとして実際に携わっていることが紹介された。

第三部：ASEANと国際レジーム

このセッションでは、視野を拡大して、藤澤巌氏（千葉大学法政経学部准教授、国際法）からはASEAN Way（ASEAN的な話の進め方、具体的にはコンセンサスを重視する政策決定方式）についての可能性、五十嵐誠一氏（千葉大学法政経学部准教授、国際関係論・アジア政治）からは、市民社会の意思を政府による政策と同様に加味した多元的なASEAN大の意思決定が必要である点が報告された。

これら二つの報告についてワットチャラス氏がコメントされ、ASEAN Wayはコンセンサスに至るまで時間がかかるが、ASEANならではの有効な意思決定方式である点が言及された。また時間の限られた中、質疑応答では、医療分野での支援の具体的必要性などについてのやり取りが活発に行われた。

インクルーシヴネスはSEANの統合と開発に重要であり、ASEANにおける重要性を広く社会に発信されるべき事柄である。日本の市民社会がASEAN諸国の「友人」という関係性を強めていってほしいと願う。

写真（ミャンマーの現在）

ミャンマー　アウン・サン・スー・チー氏の自宅前

アウン・サン・スー・チー氏の自宅前（アウンサン将軍の写真アップ）

ゴミの散乱する住宅エリア

そのまま使われる日本の中古車

ティラワ工業団地

荷台の労働者

第一部　メコン川流域の開発の課題

ワットチャラス氏

ワットチャラス・リーラワス氏

この国際シンポジウムに参加するために千葉に来たが、千葉に来たのは今回が初めてである。このシンポジウムのテーマは大変重要なことをテーマにしており、メコン機構での私の仕事にも関係している。石戸教授からご招待いただいた後、すぐにご招待をお受けし、今日ここにいることを大変嬉しく思っている。

私はメコン機構に所属しているので、この組織について少しお話しする。メコン機構は、GMS（大メコン圏）の六か国、つまりカンボジア、ラオス、ミャンマー、ベトナム、タイ、それと中国南部の二つの省、雲南省と広西チワン族自治区からの資金援助を受けている政府間機関である。メコン機構は、キャパシティビルディングと研究活動を通じてこの地域におけるつながりを促進している。農業の問題、貿易の問題、イノベーションとテクノロジーに取り組んでいる。今日のテーマは先ほどもお話ししたように私の仕事と深い関係がある。研究所の目的は、GMS地域で完全なるインクルーシヴネスを実現することである。今日のプレゼンテーションのタイトルは、「メコン川流域の包括的共同統治に向けて」である。

まず、包括的共同統治についてであるが、これは、すべての人々が統治プロセスに参加し、自分たちに影響を及ぼす決断に影響を与える権利を持つことを意味する。このGMS地域では、経済が著しく成長している。この地域の経済成長は七％から八％と目覚ましく、また、中国南部の広西自治区ではおよそ12・4％、雲南では14・2％となっている。GMS地域の他の国々、カンボジアやラオス、ミャンマー、ベトナムでは、この五年から六年の間に経済は著しく成長したが、このような経済成長からの恩恵を受けている人は多くないという問題がある。私は貿易を専門としている経済学者なので、インクルーシヴネスについて経済の観点からお話しする。開発と統治のプロセスから置いていかれる人がいてはならないため、貧しい人、女性、マイノリティや、その他の恵まれない人々にもっと注目すべきである。包括的共同統治ではインクルーシヴな成長メカニズムを促進するので、全員がその国の経済成長の恩恵を受けることができるようになる。

これが私の報告のバックグラウンドである。この研究は、大メコン圏における包括的共同統治の経済的側面に焦点を置いており、すべてのアクター、つまり、東西経済回廊というこの地域のバリューチェーンに沿って関わっている、種業者、肥料業者、農家――これは小自作農家という意味であるが――中小企業、そして、地方自治体の役人のために包括的共同統治のメカニズムを促進するために、小自作農家と市場の間のつながりを強化することを目的として、この地域のバリューチェーンの分析を基盤として行っている。東西経済回廊については後ほど説明する。経済的なインクルーシヴネスを実現する上では、三つの重要なバリューチェーンが制約となっていることが分かっている。米のバリューチェーン、トウモロコシのバリューチェーン、そしてコーヒーのバリューチェーンの三つである。メコン・インスティテュートがデザインした介入が行われており、そのような活動の結果については報告済みで、さらなる提言を今回の研究で提示していく。

先ほどもお話したが、この研究は、プロジェクト実施における研究所の経験を基盤としている。このプロジェクトは、Swiss Development Cooperation Agency（スイス開発協力庁）を通じてスイス政府による支援を受けて実施されている。こちらが論文の概要である。私たちはこれまでに、この地域の価値について話し、バリューチェーン分析を行い、弱みと強みを特定し、介入の結果を確定し、それから、統治を促進する提言をした。GMSについてよくご存じない方のためにGMSについて少し説明する。GMSは私に言わせれば、六つの国と七つの経済圏で構成されている。なぜなら、雲南、広西自治区、それと五つの国、つまりカンボジア、ラオス、ミャンマー、ベトナム、タイで構成されているからである。GMSの人口は合計で3億2590万人である。

これは、アジア開発銀行が発表した最新の数字で、一人当たりのGDP（国内総生産）は3512であるが、タイ、中国と、その他の国々、特にカンボジア、ラオス、ミャンマーとでは、大メコン圏における一人当たりのGDPには大きな違いがある。GMS地域の平均成長率はおよそ7・28で、貧困ラインの下で生活している貧困者は3630万人いる。貧困ラインの設定は国

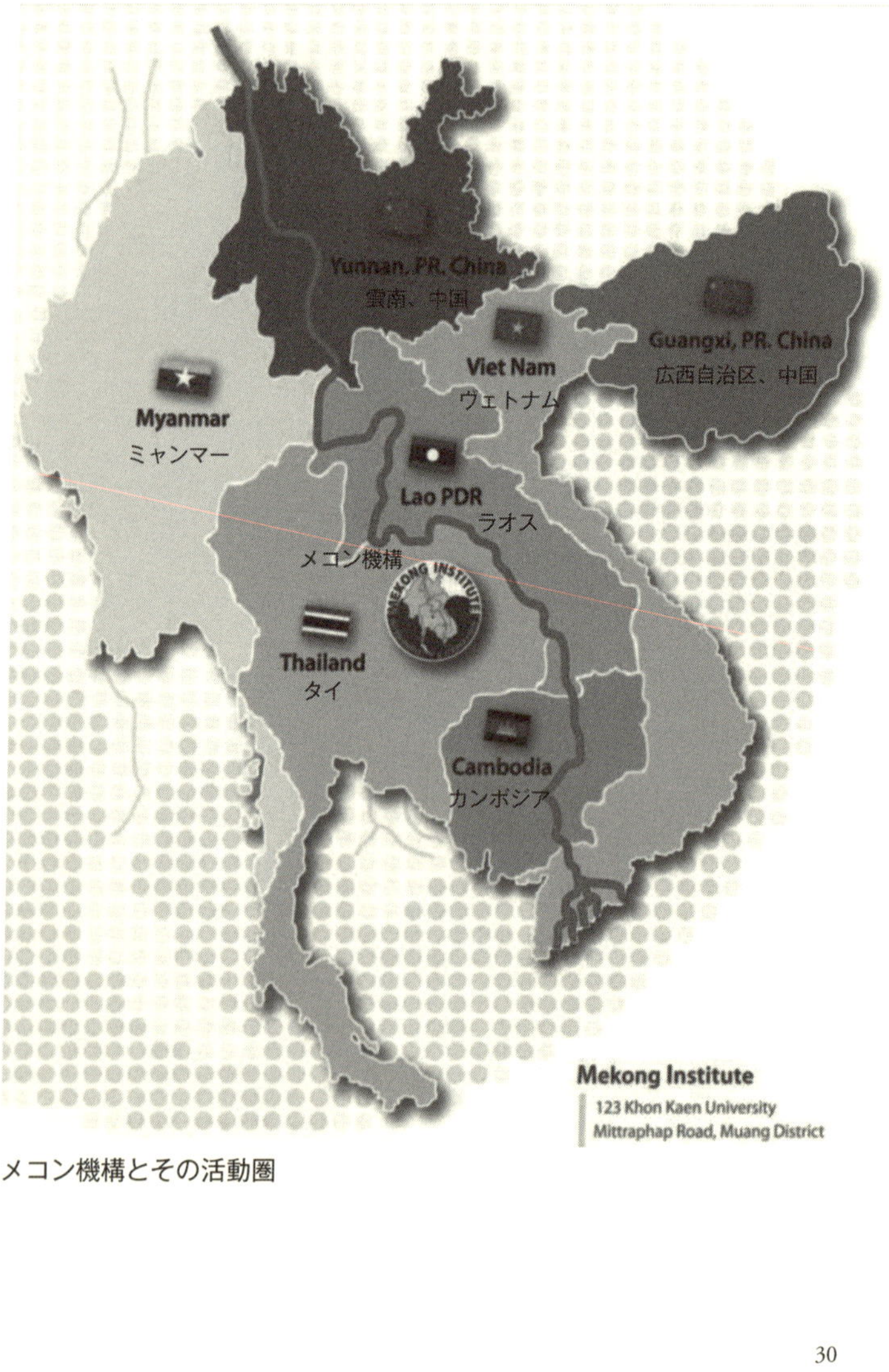

メコン機構とその活動圏

によって違い、面積は合計で260万平方キロメートルである。

この十年間、GMSの経済は著しく成長している。2014年のCLMV諸国の成長率は、以下のように、カンボジアが10・26％、ラオスが8・91％、ミャンマーが8・61％、ベトナムが10％となっている。かなり高い成長である。タイでも経済成長はみられたが、3％か4％ほどである。アジア危機の前は、成長率は9％か10％ほどでしたが、現在これは、私たちにとってニューノーマルとなっている。タイの場合、経済成長率は3％から4％ですが、GMSの他の国々は10％、8・9％ととても高くなっている。しかし、問題は、経済成長からの恩恵と繁栄が国内で公平に分配されていなかったことである。この国のジニ係数は約0・35から0・45である。

ジニ係数は、所得分配を表すために開発経済学者が使う指標で、数値が1に近ければジニ係数は0から1までの数値であるが、ジニ係数は高く、つまり0・3から0・45は、あまりよくない。1の場合、その国での経済による恩恵のすべてをたった1人だけが受けているという意味で、0の場合、所得は全員に平等に分配されているという意味である。GMS諸国では0・35から4・45である。国内を見ればはっきりとわかるが、この10年の間、GMS諸国ではジニ係数はそれほど変わっていないか、全く変わっていない。一部の国では、経済が高度成長しているにもかかわらず、ジニ係数、つまり所得分配の不平等さは悪化している。つまり、裕福な人はより裕福に、貧困者は……もちろん、経済成長はあり、中には暮らし向きが良くなる貧困者もいるが、経済成長からの利益が増えている速度は裕福な人とは比べ物にならない。裕福な人はより多くを手に入れるが、貧困者はほんの少し手にいれるだけであり、所得分配は改善されない。

1992年、GMSのイニシアチブがアジア開発銀行によって確立された。いうまでもなく、アジア開発銀行は、日本政府の支援を受けている。GMSは1992年に設立され、そのイニシアチブの一つは、GMS地域を結合することである。GMSのもとで協力している分野は九つある。農業、エネルギー、通信、観光、そして人材育成や輸送である。人と人とのつながり、ビジネスにおけるつながり、機関のつながりといった面で、この地域において人々をつなげるためには、私たちは、物的インフラをしっかりつなげる必要がある。GMS地域内において、GMSによる活動の成果として挙げられるのは、地域内における道路インフラの建設である。

さて、図で示されるように、南北経済回廊がある。南北経済回廊は、バンコクから始まり、ミャンマーのチェンライ、チエンコーン、メーサイ、そしてタチレクマまで、そしてシーサンパンナと昆明まで続いている。東西経済回廊は、ミャンマーのモーラミャインから、タイのミャワディからメーソット、そしてタイを横断して、メコン・インスティテュートがあるコーンケンを過ぎ、ムクダハン、サワンナケート、フエ、ダナンを通る。つまり、この経済回廊の意図は、インド洋から太平洋までをつなげることである。また、南部経済回廊もある。これは、バンコクからトラート、シアヌークビルからベトナムまでである。もう一つの回廊は、バンコクからプノンペン、ベトナムのカマウまで続いている。後年の研究によって、回廊はこれらの国の輸出業者には儲けをもたらしているが、回廊沿いの人々はあまり回廊から恩恵を受けていないということがわかった。経済では、私たちは今持っているものを最大限に活用しなければいけないと言う。回廊は十分に活用されていないため、すでに物的インフラはあるが、これをどうやり遂げるか、この回廊の恩恵をどう活用するか、ということが問題になっている。別の図は経済的南部海岸回廊、中央サブ回廊、北側サブ回廊、そしてもう一つのこの地域の回廊をもっと近くから見たものである。

物的インフラは整備されているが、だからといって、農産物が一つの国から別の国に自由に移動することができるわけではない。依然として解決しなくてはならない税関の問題や国境の問題がある。これは、回廊をもっと近くで見た写真である。メコン・インスティテュートはこの回廊沿いのどこかにある。ミャンマーとラオスのカムムアン、そしてクアンチ省にオフィスがある。これはベトナムのクアンチ省である。このプロジェクトの目的は、貧しい生産農家がこの回廊から恩恵を受けることができるように、回廊の活用を促進することである。私たちはこのプロジェクトを実践し、これらのロケーションからパイロットプロジェクトを選んだ。一つは、カムムアンにおける米のバリューチェーンの分析、もう一つはラオスである。これがバリューチェーン分析で、私たちはバリューチェーンをマッピングしている。このバリューチェーンの中で、肥料と種が生産され、それが生産者、つまり生産農家に行き、生産農家から精米業者に行く。ここに精米業者があって、それからここで米が輸出される。

もう一つのバリューチェーン分析は、ミャンマーのカイン州で行っている。もう一つのパイロ

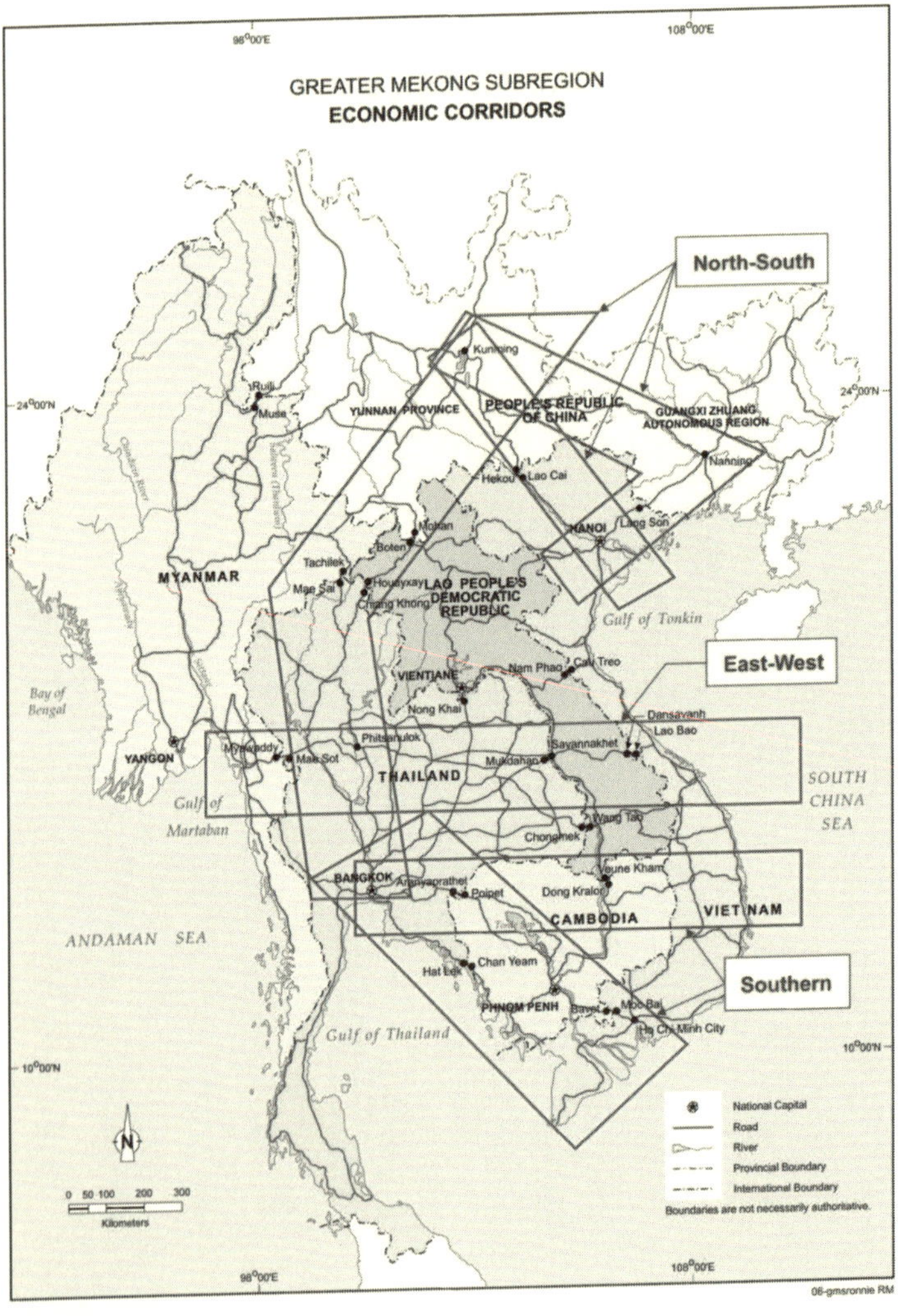

GREATER MEKONG SUBREGION
ECONOMIC CORRIDORS
North-South
East-West
Southern
MYANMAR
THAILAND
LAO PEOPLE'S DEMOCRATIC REPUBLIC
PEOPLE'S REPUBLIC OF CHINA
YUNNAN PROVINCE
GUANGXI ZHUANG AUTONOMOUS REGION
CAMBODIA
VIET NAM
Kunming
Ruili
Muse
Hekou
Lao Cai
Nanning
HANOI
Lang Son
Mohan
Boten
Tachilek
Mae Sai
Houayxay
Chiang Khong
VIENTIANE
Nong Khai
Nam Phao
Cau Treo
Dansavanh
Lao Bao
Savannakhet
Mukdahan
Phitsanulok
Myawaddy
Mae Sot
YANGON
Wang Tao
Chongmek
Veune Kham
Dong Kralor
BANGKOK
Aranyaprathet
Poipet
Chan Yeam
Hat Lek
PHNOM PENH
Bavet
Moc Bai
Ho Chi Minh City
Gulf of Tonkin
SOUTH CHINA SEA
Bay of Bengal
Gulf of Martaban
ANDAMAN SEA
Gulf of Thailand
National Capital
Road
River
Provincial Boundary
International Boundary
Boundaries are not necessarily authoritative.
0 50 100 200 300
Kilometers
98°00'E
108°00'E
24°00'N
10°00'N
06-gmsronnie RM

経済回廊の地図

GMS Economic Corridor

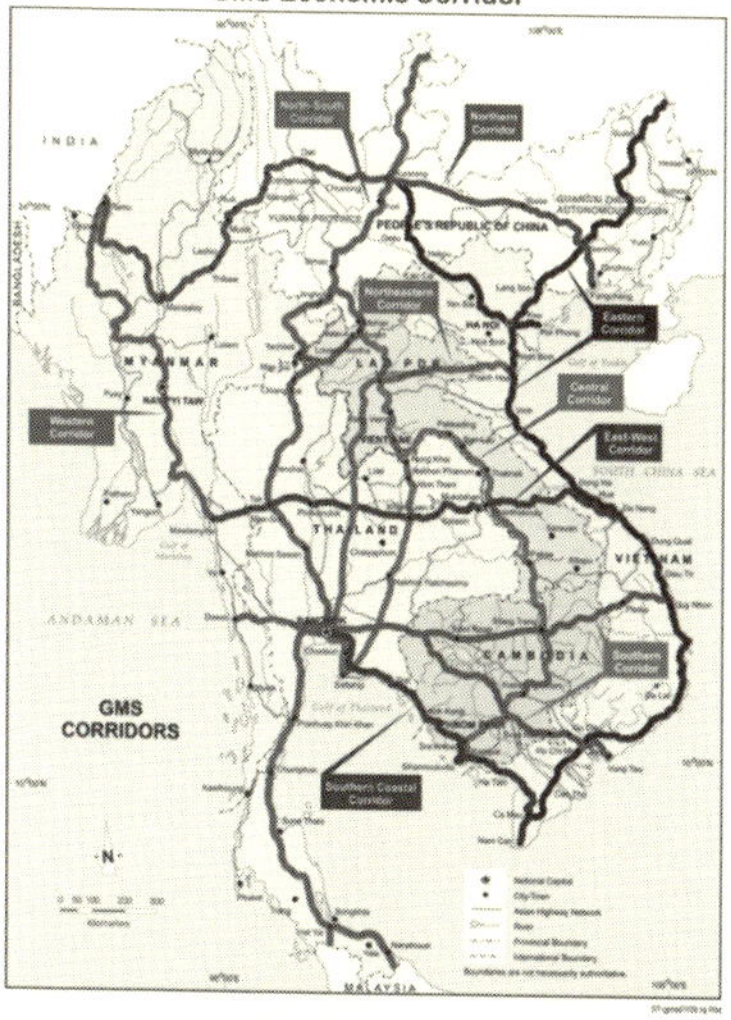

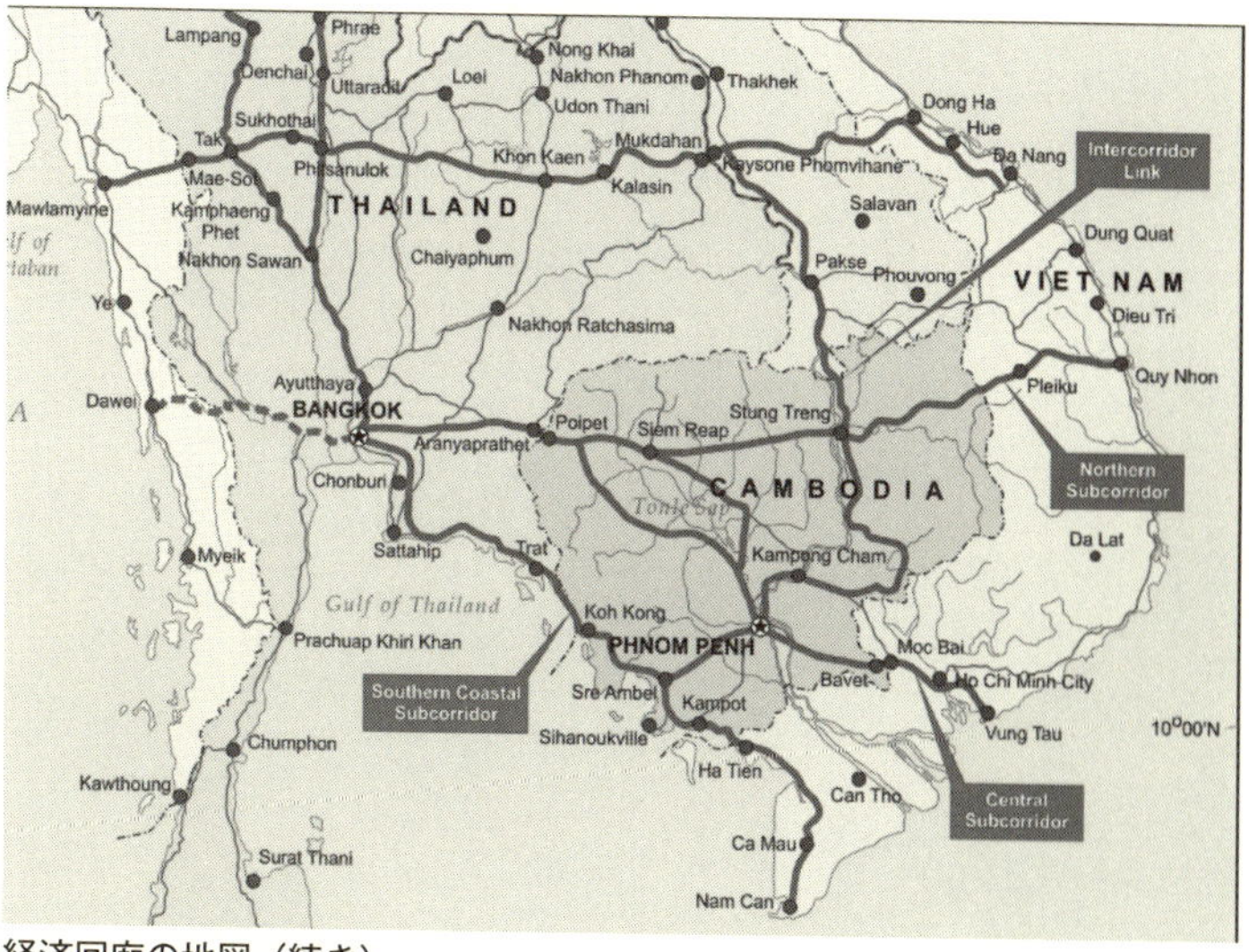

経済回廊の地図（続き）

ットプロジェクトは、ベトナムのクアンチ省でのコーヒーのバリューチェーンの分析である。このコーヒーのバリューチェーン分析は、ラオスの米のバリューチェーン分析ほど複雑ではない。つまり、生産農家から収集者、加工業者、それから輸出業者に行く。バリューチェーン分析が終わったら、そのバリューチェーンのアクターは誰か、そのバリューチェーンで最も大きな恩恵を受けるのは誰か、そのバリューチェーンの弱みは何か、強みは何かといったことがわかる。私たちはアクター、つまり、小規模ステークホルダー、精米業者、コーヒー加工業者を特定する。つまり、これらがアクターで、これら三か所のプロジェクトサイトにおいて制約を特定する。三か所に共通する大きな制約の一つ目は、生産コストが高いこと。二つ目は、生産性と品質が低いこと、三つ目はすべてのアクター間で前後のつながりが弱いことである。すべてのアクターというのは、生産農家、中小企業、輸出業者、輸入業者である。もう一つは資金の入手である。私が強調したいのは資金の入手である。この地域における資金入手の問題を私たちがどのように解決したかは後でみていく。生産コストが高く、化学肥料のコストも高くなっている。良質な化学肥料を使えば、生産性を高めることはできるが、生産農家が化学肥料を買うお金を持っていなければ、農産物の生産性は高まらない。良質の種などのインプットをすぐに入手できること、農村地域における労働力不足による人件費。村地域における労働力不足について言及してきたが、人件費は非常に高く、加工の機械はあまり活用されていない。

もう一つの制約は、生産性と品質が低いことである。生産性の低さの原因は限られた知識しか

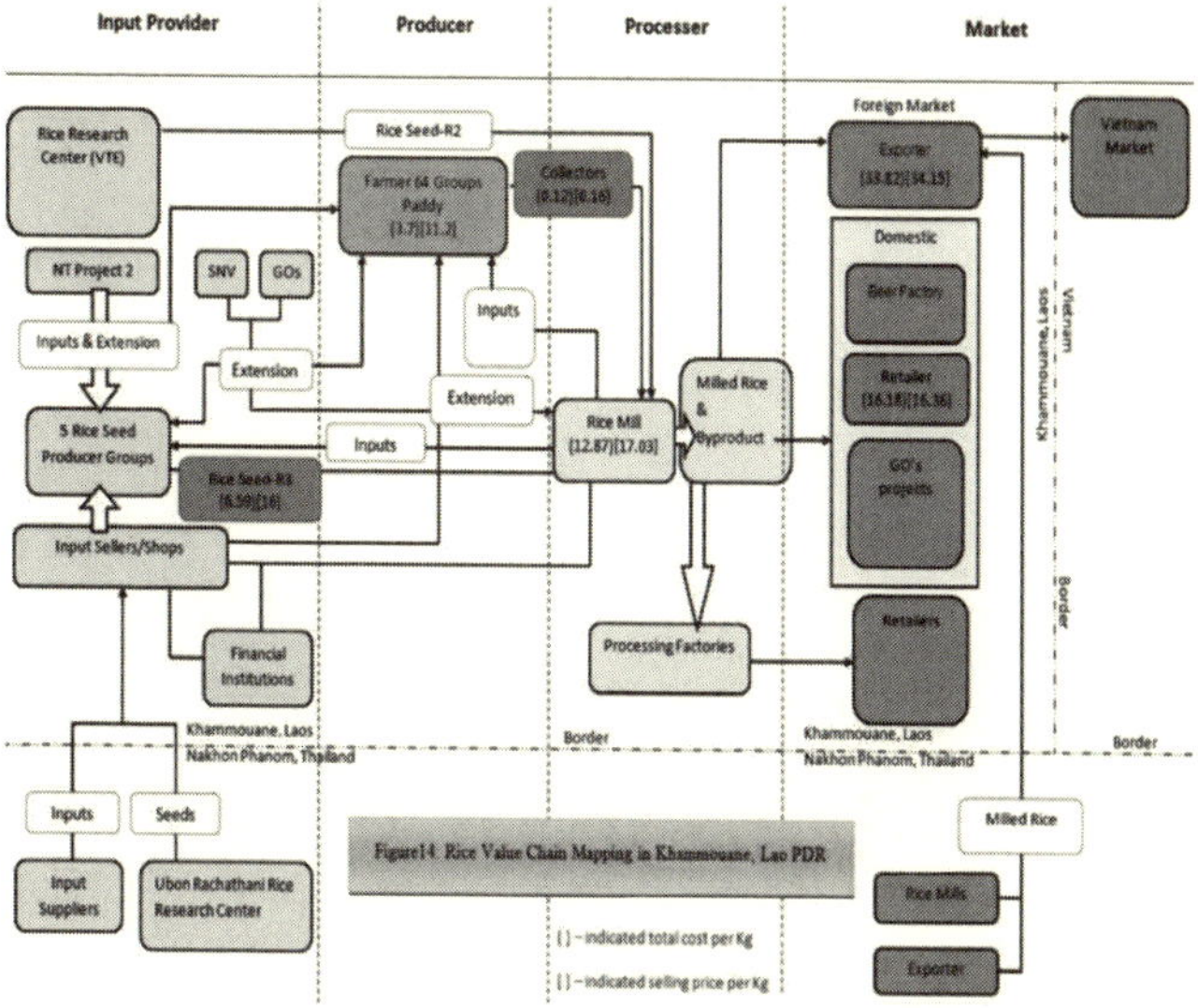

Figure14 Rice Value Chain Mapping in Khammouane, Lao PDR

バリュー・チェーン

ないことだ。生産農家は、農産物の適切な植え方や、どんな知識を学んでおくべきかといったことについて、あまり情報を提供されておらず、このような科学的知識についてあまり知らないのである。そのため、重要なのは、農作物の適切な育て方について生産農家に教える際に農業普及局がかなりの仕事をするべきだということである。計画に基づく保護や収穫後の管理について限られた知識しかない場合――メコン機構が実施したコーヒー生産農家に関することをお話する。コーヒー生産農家は、コーヒー栽培エリアの風除けや影となる木の位置を決める方法を知らなかった。影となる木は、水分の蒸発を抑え、風除けは、強風によるダメージと土壌侵食を抑制できる。

ベトナムのコーヒー農園では、私たちは、ベトナムのコーヒー生産農家にコーヒーと胡椒を一緒に植えるという間作を紹介した。胡椒の栽培には枝を巻きつけるための支柱が必要だが、支柱に巻きつきながら胡椒が伸びると、支柱の影によって土壌からの水分の蒸発を抑えることができるので、利益が生まれ、コーヒーの生産性が高まり、コーヒーの質も良くなる。もう一つは、情報共有が弱く、等級分け、分類、標準化が円滑に行われていないことである。米を例にして説明すると、ラオスの、特に農村地域では、米の質を等級分けする機械がないため、生産農家は、米を育てる時に、米粒をまとめて、一つの粒のように植え付ける。これは良いやり方ではなく、もっと稼ぐには、等級A、等級B、等級Cと分類できるよう市場を助ける必要がある。そこで私たちは、米粒の等級分けをする機械を導入した。機器とインフラ、精米機、乾燥機、灌漑システムが十分でなく、それが問題となっている。

これはもう一つの制限である。すべてのアクター間で前後のつながりが弱く、市場に関する十分な情報がない。生産農家は、市場の要件や市場価格について知らず、ほとんどの価格は輸出業者が決めている。生産農家は市場の要件を認識していないし、農業のグッドプラクティスを知らないので、私たちがそれを紹介した。私たちはまたラオスでも、精米業者に製造のグッドプラクティスを紹介し、精米について情報を与えた。特に市場輸出を続けることによる人材不足、生産農家組合が弱い、あるいは組合がなく、それが交渉力の低さにつながっていること、価格交渉における代表がいないこと。つまり、生産農家は通常プライステイカーである。農家1軒が小規模で、生産高も低ければ、生産農家はプライステイカーにならざるをえない。価格設定に影響を与えることはできず、地元にディーラーや地元の投資家がいないという現状がある。資金の入手について――資金源の情報が限られているので、生産農家は正規ではない融資に頼っている。そうやって融資を受けると、金利が正規の融資より高くなる。タイでは正規の融資の金利は5％から6％だが、正規ではない融資の場合、金利が一か月または一年で10％になることもあり、最高で30％になることもある。正規でない融資だとこういう感じである。生産農家は、適切な担保がないため、地元の銀行から資金援助を受けることができない。もちろん銀行は、融資の返済ができないのではないかと恐れているのである。なぜなら担保がないからである。銀行はリスクを犯したくないのである。貧困救済計画で支給される政府からの助成金融資は、投資とメンテナンス費用をカバーするのに十分ではない。

　では、これらの制約にどう対処するかを、一つずつみていく。生産コストの高さに関する制約については、市場と、肥料業者、種業者、この三者をつなげることである。その場合、私たちは開発プロジェクトを実施して、生産農家の生活の質に焦点をおき、実業家とも協力する必要がある。でも、実業家は慈善事業をやっているわけではなく、彼らは事業を経営しているため、利益を出さないといけない。私たちは、「生産農家に仕事を提供したいからお金が必要なのだ」とは言えない。そうではなくて、説明して実業家を説得する必要がある。メコン機構の難しい点は、人々を説得することである。実業家が私たちとつながって高品質な種を生産農家に提供できるように、私たちを信頼させ、助けさせたり、食品加工会社にアプローチして、会社が契約の一部として生産農家に情報やアイデアを提供するという契約を生産農家と結ばせたりするのである。よって私たちは食品加工会社をはじめ、いろいろなところでつながりを持っているのである。

　私たちは、ミャンマーの農産物を買うためにタイのCPグループとつながっている。生産性と品質の低さに対する制約に対処するために保証種子の使用を奨励している。保証種子は高品質の種なので、生産性が向上し、農作物の質も良くなるので、私たちは、生産性と農作物の質を高めるためにそうした種子が手に入るようにしている。私たちは、生産農家などにGAP（適正農業規範）の基準を導入し、市場の要件について情報提供し、加工処理施設とキャパシティを改善し、GMPの要件や認定生産についての理解を深めた。ミャンマーのオフィスでは、大量乾燥機を紹介した。もちろん、大量乾燥機を導入すれば、湿気は少なくなり、農産物の質は向上し、価格も上がる。よって、栽培のテクニックや間作、収穫後の管理についてのスキルに関する知識を提供するのは、生産農家や生産農家グループにとって良いことなのである。収穫後管理の目的は、栽培後の農産物の保存可能期間を延ばすことである。しかし、農産物の保存可能期間を延ばすには、種からスタートしないといけない。つまり、農産物を買ったら冷蔵庫に入れる、ということだけでなく、どうすれば保存可能期間を延ばすことができるのか。保存可能期間を延ばすことができれば、生産農家の競争力だけでなく、ＳＭＥの食料生産者の競争力も高まる。

間作については既にお話しした通りである。私たちは、胡椒の木とコーヒーを同時に栽培する方法について情報提供している。バリューチェーンのアクター間のつながりの弱さに対する制約に対処するには、生産農家グループ、生産農家組合の形成を促すことである。これが、生産農家が交渉力を高め、市場でよりよく認識されるよう共同ブランドを宣伝する土台になる。ベトナムにはケサン・コーヒー組合があり、メコン機構のオフィスはクアンチ省のドンハにある。ドンハからそんなに遠くない、30分ほどのところに、ケサンという郡区があり、この町でコーヒーを栽培している。そこで私たちは、ケサン・コーヒー組合の結成を促して助けている。カムムアン県とカイン州でも生産農家グループの結成を手伝った。

生産農家のグループや組合が結成されると、生産農家の交渉力が強くなる。生産農家と加工業者、インプット提供者とのつながりが強まり、生産農家は、自身が生産した農産物を売るためのより良い販路が手に入るようになる。つまり私たちは、バイヤーとインプット提供者とつながるよう生産農家を助け、新たな輸出市場を調査する中小の加工業者を助けている。例を挙げると、カムムアン県の精米業者はかつて、地元市場に出荷する分だけの米を生産していた。でも地元市場の要件は低く、米の等級分けの機械も必要なければ、混合米を売ることもできるのである。しかし、他の国に輸出したければ、米粒の分類をしなければならない。

米の品質は、等級A、等級B、等級Cに分かれ、分類をするときに、製造管理および品質管理に関する基準を実施すれば、他の市場でも米を売ることができる。私たちは、タイのバイヤーと生産農家とをつなげている。そしてタイのバイヤーはイタリアへの輸出業者なので、タイの生産農家の農産物はいまイタリアに輸出できるようになった。地元の商業組合や、関連する政府役人に、効果的なビジネスマッチング・イベントや見本市の実施について研修を行った。生産農家を助けたければ、私たちはバリューチェーンに沿ってやるべきことをやらなければならないからである。生産農家だけを助けていれば、生産は良くなっても、市場が見えてこない。そのため、私たちは、援助し、商務省に勤務する地元の政府役人に対して研修を実施しなければならない。そうすることで、政府役人は見本市の開催の仕方、ビジネスマッチングのやり方を知り、農産物の市場を見つけ、関連する政府機関との政策対話やそうした政府機関のキャパシティビルディングを通して、国境を超えた取引環境を改善することができるからである。

この件について例を挙げて説明する。この件について私たちが何をやるかというと、タイとミヤンマーの国境のミャワディとメーソット、そしてタイとラオスの国境地帯とカムムアン県、そしてもう一つ、ラオスとベトナムの国境のサワンナケート県とクアンチ省の税関における出入国の制限を実施しているのである。そしてそのあと、国境をまたぐ問題を分析し、その後、制限を特定する。先月は、サワンナケート県とクアンチ省の地位の高い政府役人を招待し、この問題の解決方法について話し合った。役人は施設利用料を値下げすることに賛成した。普通は国境を越える前に料金を払い、国境を超えたあとにもう一度料金を払うが、私たちはこれらの料金を値下げする方法を見つけようとしたのである。サワンナケート県とベトナムのクアンチ省の政府間で合意に達している。

もう一つは、資金入手に対する制限への対処である。メコン機構では資金集め活動をしているが、うまくいっていない。四グループに協力するために四者モデルを採用している。

私たちにとって、これを示すことはとても重要である。ステークホルダーのグループのために、私たちは市中銀行や生産農家、加工業者、インプット提供者と協力している。三者モデルをお見せする。これがモデルであり、これが市中銀行である。生産農家が市中銀行から融資を受けるのは担保がないため、難しい。そこで私たちは種業者や肥料業者と協力している。生産農家が肥料を手に入れたい場合は、種と肥料の業者が銀行からお金を借りる。銀行が種と肥料の代金を払ったら、この種と肥料は生産農家に提供される。農産物ができたら、生産農家はそれをコーヒー加工業者や精米業者などに売る。その後、この加工業者が生産農家に支払いをし、余ったお金は市

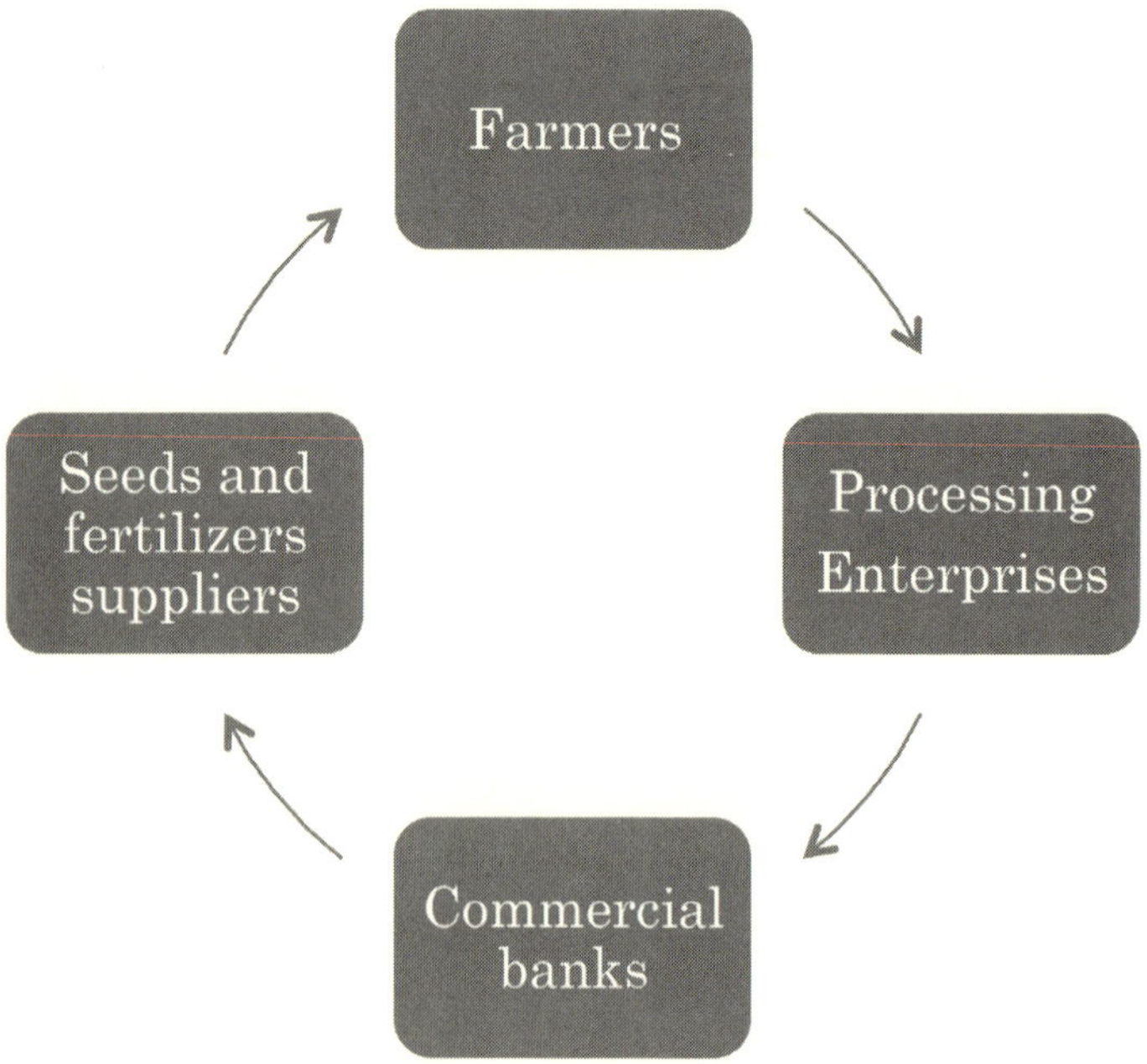
Farmers
Processing Enterprises
Commercial banks
Seeds and fertilizers suppliers

四者モデル

郵便はがき

料金受取人払郵便

102-8790

麹町支店承認

8043

差出有効期間
平成30年12月
9日まで

切手を貼らずに
お出しください

102

［受取人］
東京都千代田区
飯田橋2—7—4

株式会社 作品社
営業部読者係　行

【書籍ご購入お申し込み欄】

お問い合わせ　作品社営業部
TEL 03(3262)9753／FAX 03(3262)9757

小社へ直接ご注文の場合は、このはがきでお申し込み下さい。宅急便でご自宅までお届けいたします。送料は冊数に関係なく300円（ただしご購入の金額が1500円以上の場合は無料）、手数料は一律230円です。お申し込みから一週間前後で宅配いたします。書籍代金（税込）、送料、手数料は、お届け時にお支払い下さい。

書名	定価　　円	冊
書名	定価　　円	冊
書名	定価　　円	冊
お名前　　TEL　（　　）		
ご住所　〒		

フリガナ
お名前

男・女　　　　歳

ご住所
〒

Eメール
アドレス

ご職業

ご購入図書名

●本書をお求めになった書店名

●ご購読の新聞・雑誌名

●本書を何でお知りになりましたか。

イ　店頭で

ロ　友人・知人の推薦

ハ　広告をみて（　　　　　　　）

ニ　書評・紹介記事をみて（　　　　　）

ホ　その他（　　　　　　　　　）

●本書についてのご感想をお聞かせください。

ご購入ありがとうございました。このカードによる皆様のご意見は、今後の出版の貴重な資料として生かしていきたいと存じます。また、ご記入いただいたご住所、Eメールアドレスに、小社の出版物のご案内をさしあげることがあります。上記以外の目的で、お客様の個人情報を使用することはありません。

中銀行への支払いに充てる。これにより、融資を返済してもらえないという市中銀行のリスクを減らすことができる。これは、これまでのところ、とてもうまくいっている。私たちは、すでにベトナムで一年間これを実施した。

同僚が私に報告していないだけなのか、問題がないのか、わからないが、「問題はない」と言われるので、うまくいったのだと思う。彼らは良い方に変わり、実際にそうなった。農産物の品質が向上し、民間企業の競合性の向上、加工業者による取引量が62・98％増加した。63％はかなり高い数字である。国境を超えた取引と地元の経済発展を可能にする環境を改善した。私たちは、地方自治体や地元の商工会議所は、地域で行われる取引の準備をするため、そして取引と投資の促進対策をするための知識を身につけていると思うし、税関での手続きは国境の県や州が方針対話をすることによって簡単になった。

クアンチ省とサワンナケート県の例をお話しする。国境のゲートのインフラに払う料金が今後なくなる。先月ミーティングが開かれ、国境のゲートで支払う料金をなくすということで合意し、間もなくＭＯＵ（基本合意書）に署名する。そして、検査は一度だけ行われる。これにより、国境を越える取引のプロセスがスピードアップする。検査を一度だけ行うというのは、農産物がサワンナケート県に届いて、これを輸出したい場合、つまり、ラオスの生産農家がベトナムに農産物を輸出したい場合、通常は、サワンナケート県に輸送して一度検査を行い、国境を超えたら、もう一度検査をしていた。これでは時間の無駄である。私たちも同じ検査プロセスを実施しているのだから、なぜ、一度に減らさないのか。現在、農産物は輸入国でのみ検査されている。農産物がラオスからベトナムに輸出される時は一度だけ検査されるので、かなりの時間の節約になる。

石戸光

ワットチャラス氏は、このASEAN関連の大変重要な機構のリーダーであり、日本政府は彼の活動分野に参加することに非常に大きな関心を持っている。ASEANはアベノミクスにとって大変重要なのである。第二部に移る。ミャンマーについての第二部で、三つのプレゼンテーションに分かれている。最初のプレゼンテーションは、オー・ヘイン氏とベン・ベルトン氏による「ミャンマーの地域開発――水産業の検討を通じて」である。

第二部　ミャンマーの開発について

オー・ヘイン氏

開発における水産業の可能性

　このプレゼンテーションは、ベルトン氏と私が一緒に、千葉大学の国際シンポジウムのために論文を書いた主要研究結果をもとにしている。この論文では主に、農業と農村の開発、特に農村開発の過程において特定の社会経済的集団がどのように含有されているか、または除外されているかについて書いている。その目的のため、私たちはケーススタディとして、養魚業、水産業を取り上げた。このプレゼンテーションの残りの部分は二つに分かれている。

　プレゼンテーションの最初の部分は私が担当し、二人で書いた論文のバックグラウンドについてお話しする。私たちの研究プロジェクトについて簡単に紹介し、その後で、研究における調査、論文のために使ったデータを紹介する。そしてその後、ミャンマーにおける水産業、養魚業のバリューチェーンとその歴史について簡単にお話しする。プレゼンテーションの後半は、同僚のベルトン氏が主要研究結果の一部を紹介する。その後、特にインクルーシヴな成長のための政策的含意や政策選択肢についてディスカッションしてプレゼンテーションを終える。「インクルーシヴな成長」とは、今以上に広い範囲にわたって水産業のバリューチェーンからの恩恵を共有するという意味である。私とベルトン氏が取り組んでいるプロジェクトは食糧安全保障政策プロジェクトだが、このプロジェクトは、アメリカ政府、そして複数の国際的な寄付者による資金提供を受けているマルチギガ・プロジェクトである。現場で実施しているのは、ベルトン氏が所属するミシガン州立大学、ワシントンDCの国際食糧政策研究所で、国内のパートナーはCenter for Economic and Social Development（経済社会開発センター）である。

私たちが所属するセンターはミャンマーが改革中に欧米諸国の対ミャンマー制裁が緩和された2011年頃に設立されたものである。この五年の間にセンターのリーダーの中には大統領顧問官になった人もいる。つまり私たちは政策顧問に大変近い位置にいたのである。プロジェクトの目的は、証拠に基づく政策選択肢によって、ミャンマーにおける農業と農村の開発を支援することで、そうした中、二つのことを目指している。一つはもちろん、ミャンマーの知識基盤の裏付けのレベルを向上することである。ミャンマーの統計システム、データベースの質はとても低い。そして二つ目の目的は、このプロジェクトを実施する中でミャンマーの各機関と個人のキャパシティビルディングを実現することである。水産業、つまり養魚業はFSPP（食糧安全保障政策プロジェクト）が大きな重点を置いている要素である。なぜ水産業かというと、一部には、発展途上国であるミャンマーは、今のように未加工の農産物ではなく最終的に高価値の収穫物を輸出し、一人あたりの所得を増やす必要があるからである。水産業からの収穫物がその一つとなるべきだが、水産業の養魚業はすでにミャンマーで行われている。中間セクターの中で最も急速に成長しているのは水産業だ。ミャンマーは水産業が最も急速に成長している地域にあり、水産業は雇用機会を創出する非常に大きな可能性を持っている。私たちの研究によると、従来の稲作農業よりずっと多くの雇用機会を創出するため、水産業に重点を置くことに決めた理由の一つである。

私たちは、まずいくつかの調査と手法を使った。2014年初めに、政府がデータの一部を持っていたが、そのデータは不完全で、信頼できなかったため、養殖池の場所とその密度、養殖池はどのくらいの速さで広まっているか、拡大しているかを確認することにした。そこで、衛星画像、Google Earth Pro（グーグル・アース・プロ）を使って、地図を作成した。このアプリケーションによって、遠くにある養殖池の場所も確認することができた。実際に目で見て養殖池を確認し、そのあとで、その拡大率を確認する。過去の画像までさかのぼって見ることができるからである。これら主要な養殖池の位置を確認した後2014年後半にそれを追跡調査するために、私たちはそれらの池を実際に訪問して、水産業のバリューチェーンに関与している何人かのアクターと話をした。

最終的に250人ほどのアクターと、主に二つのテーマについて話した。一つは、「バリューチェーンの構造」と私たちが呼んでいるもので、バリューチェーンはどのように組織されているか、アクターはどこにいるか、彼らの養魚場の相対的サイズはどれくらいか、有力なのは誰かといったことである。また、彼らのパフォーマンスについても話した。特に彼らの資産所有、借地権の担保、彼らが使ったインプット、適用したテクノロジー、そしてもちろん、ワットチャラス氏がすでにお話ししたように、とても重要な、アクター同士の関係、そしてこれは私たちが関心を持っていることだが、特にアクター同士の力関係などについてである。研究の最初の二段階で得た主要研究結果のフォローアップとして、私たちは2016年5月に主要エリアの一部に戻って、構造的調査を実施した。すでに出ていた主要研究結果をもっと深く理解し、大、中、小の規模の養魚場と、それらの養魚場が地元経済に与える様々な影響についての情報をさらに得るためにサンプルを集めた。サンプルサイズは、1000人かそれより少し多い人数で、そのうち300軒近くが水産業に従事する世帯、残りは稲作に従事する世帯、そして私たちがナノファームと呼んでいるものに従事している世帯であった。土地を所有しておらず、土地をもとに生計を立てていない世帯がほとんどだった。私たちは水産業、養魚業が、現在魚を養殖している地元経済の他のアクターに与える影響を確認したかったので、彼らをサンプルに入れた。

私たちは、四つの郡区で調査を実施した。これら四つの郡区は地理的に、ミャンマーのすべての土地と内陸漁業、漁業の51%を占めている。サンプルサイズは、およそ370000世帯を代表していた。水産業の養魚業に関与しているバリューチェーンのアクターの一部を紹介したいと思う。バリューチェーンというのは要するに、未加工の原材料から最終生産物、そして消費者に至るまで、この場合は魚であるが、関与しているアクターやプロセス、原材料、作られる価値のことである。この写真は、孵化場である。小さな稚魚が生まれる場所である。

孵化場の様子

水産業の様子①

水産業の様子②

孵化場は技術的に大変高度な運営をしている。小さな稚魚が生まれ、その一部が大きな養殖池に移されて、消費用の魚になるまでそこで育つ。しかし、一部は、私たちが養殖場と呼ぶ場所に移され、そこで六か月ほど過ごして、少し大きくしてから、養殖池に移されて、そこでもっと大きな魚に育つものもいる。（ご覧いただけるように）、私たちは労働集約度、多くの労働力、多くのサポートサービス、そしてワットチャラス氏もおっしゃったように、輸送など養魚場の外で作られるつながりについて話していた。これは、ある場所から他の場所へ稚魚を輸送しているところである。水と一緒にポンプで吸い上げるので、魚を無事に輸送できる。

バリューチェーンにおけるもう一つの重要なアクターは、魚の餌料の製造者である。研究で私たちは、養魚場のおよそ80％が、米ぬかやピーナツケーキなどの農業副産物か農業廃棄物を使っていて、栄養価が非常に高いペレット状の餌を使っているのはわずか20％であると推定した。こうしたペレット状の餌を与えると魚は急速に成長し、養殖業の労働集約度も高くなる。つまり、利益を出したいなら、理想的にはペレット状の餌を使うことになる。（この写真には）、様々なタイプの魚の餌料が写っているが、ここでも、輸送の面で、バリューチェーンによる様々なつながり・経済を増強させる要素がいくつかある。

この女性は、養殖池で魚に餌をやっている。

こちらが餌をもらっている魚の一部である。そしてこちらが、いうまでもなく、農場である。

この写真に写っているのは、どちらかといえば総合農場であり、養鶏場もある。この鶏舎の鶏のフンが魚の餌になる。自然の餌のため、労働集約度の低い養殖・農業経営である。（下の写真は）、魚が収穫されている様子である。

この小さな魚が最後に市場に出せるサイズになる。ここでも、魚の労働集約度の低さやバリューチェーンが見られる。また、ここでも養殖による新たなナノファーム・アクターの創出も見られる。

つまり、このバリューチェーンによりあらゆる類のナノファーム・アクターが作りだされているのである。これらはガラス繊維強化プラスチック製の船で、レンタルできる。私たちも、船をレンタルして、養殖池に行く。これらの船はガラス繊維製で、地元で作られている。ウォーターポンプなど中国から輸入されている機械類の一部はだんだん値段が安くなっている。それもまた、土地がない人々にとってかなり重要な生計手段になっている。エンジンを修理する店は、収穫された魚を市場に運ぶためのレンタル船になる。最後に、最終的な市場には、問屋、小売店、小規模 加工業者が含まれる。繰り返しになるが、水産業セクターが多くの機会を創出しているという考えは重要である。ミャンマーの水産業バリューチェーンを紹介した後は、これまでの発展の様子について簡単に説明する。そのためには、ミャンマーにおける二つの主要政策期間について理解するのが大変有益だと思う。なぜなら、水産業バリューチェーンはこれらの二つの主要政策期間中に発展したからである。

一つめの主要政策期間は軍事政権がクーデターを仕組んだ１９６２年ごろにスタートし、

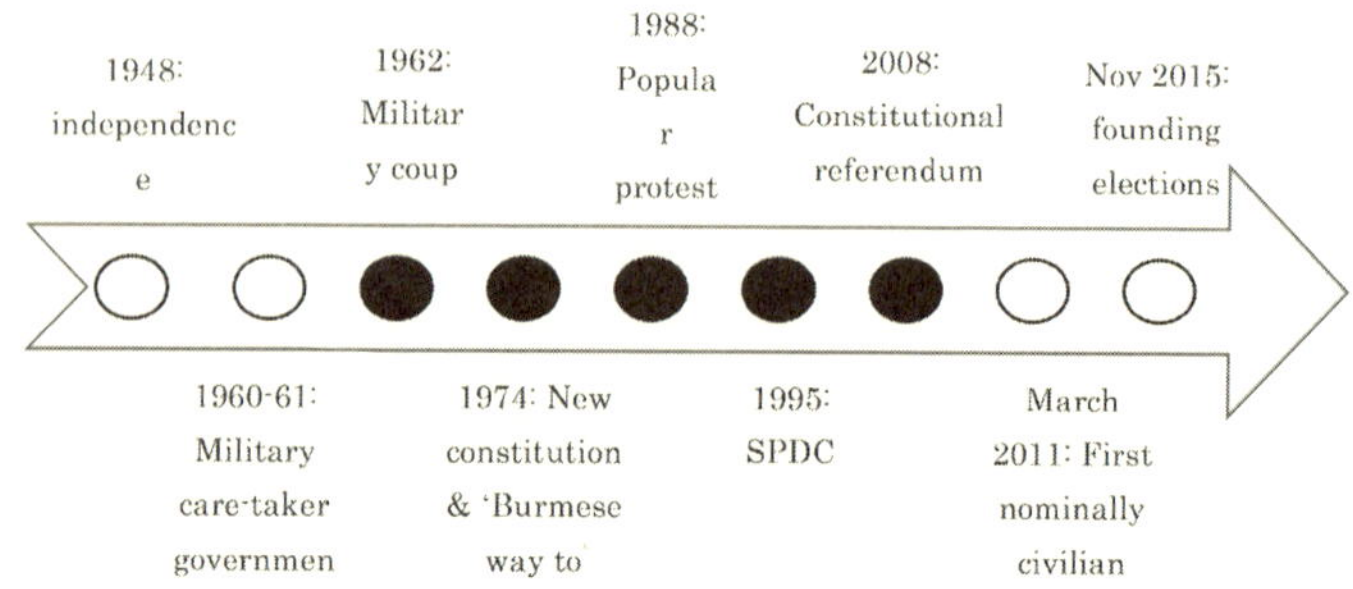

Figure 1 Timeline of major political events in Myanmar (the period under military rule is represented by shaded circles)
ミャンマーの主要政策期間におけるイベント（軍政期を黒い丸で示す）

１９８７年まで続いた。つまり１９６２年から１９８７年までは主に、社会主義政権の期間だったのである。政策面から見ると、この時期は軍事政権が公共部門、特に、国有の営利企業を支配していた感じである。軍事政権以外に選択の余地はなかったのである民間の活動はほとんどなく、そのために農業セクターは基本的に三つに分かれていた。まず収穫物の計画。農民が何を育てるかは政府が決めていた。次に、収穫物の調達。政府はとても安い値段で収穫物を農民から買い付け、非常な高値で海外に売り、そして収穫物のマーケティングを行った。政府だけが農業生産物を市場に出すことができたのである。これが社会主義政策体制下での様子だ。重要なのは、多くの農民が稲作を要求されていたことである。

　１９８８年から第二の期間になる。社会主義政権に対する暴動がいくつも起きて、その後、軍部が二度目のクーデターを仕組んだ。この期間は２０１１年まで続いた。１９８８年から２０１１年までの政策体制では、政府が限定的な自由化措置をスタートしたが、その本当の理由は、体制を安定させ、予想される騒動をストップすることであった。これはつまり、この期間中は特に農業の面では、工業技術を使った農業の開発と農業事業への投資は国主導で行われていたということである。これについてもまた、同僚のベルトン氏が後程詳しく説明する。この頃は、国と大企業との結びつき、つまり政府役人と大企業との共謀が始まった時期でもある。こうした二つの政策体制下で、水産業のバリューチェーンは発展したのである。１９６５年、ミャンマーの稲作農家は、自分の水田に野生の魚を放って、それらの魚を売るということを始めた。効率は良くなかったが、１９７０年代中頃に政府が国営の孵化場の運営を始め、彼らはこれらの孵化場を買い、集中的な生産ができるようになった。

１９８０年代中頃までには、ここでも政府、特に department of fisheries（水産省）の助けを借り、最初の民間孵化場が登場した。最初に民間で孵化場経営を始めた家族はあっという間に成功し、町で唯一の成功者になった。他に競争者がいなかったため、あっという間に事業を拡大し、もっと多くの土地を購入し、もっと多くの池を作り、金持ちになり、大成功した。借金をしている稲作農家から土地も買った。１９８０年代までは、先ほどもお話ししたようにこれは社会主義政権の終わった頃だが、稲作以外は成長してなかったようだ。養殖池が多く目につくようになったため、政府は、一部の地域の養殖池の取り締まりを始め、養殖業者の土地を取り上げた。この１９８０年代中頃、水産業の拡大が少しストップした。しかし、その後、革命が起き、軍事政権が二度目のクーデターを仕組み、限定的な自由化が起き、同時に1989年には工業技術促進の一環として、agricultural government（農業省）が、aquaculture act（水産業法）という法律を施行した。この法律により、人々は荒れ地を養殖池に転換することができるようになったが、基本的には、その時に他の誰かが何かを育てていたかもしれない土地の権利をもらっていた。つまり、養殖池拡大の二度目の波は、すでに他の農民が使っていた大きな土地の譲歩、大企業による横領、そして多くの土地の譲歩によって起こった。

それから2000年中頃には、先ほどご覧いただいたナノファーム・アクターの増加が始まった。魚の輸送、郵送船、船などの輸送手段の供給業者、多くの労働力である。そこで、私たちが調査する上での四つの疑問が生まれた。一つ目は、どの社会経済的集団がミャンマーにおける水産業革命の広がり・発展から恩恵を受けたのか、二つ目は、恩恵を受けなかったのはどの集団か、苦しんだのは、あるいは、他に比べて少ししか恩恵を受けなかったのはどの集団か。三つ目は、ミャンマーの、特に今ご覧いただいた二つの政策期間における政治の歴史によってこの農村部の開発はどのように形成されてきたか。四つ目は、現状を考慮すると、より多くの人々が恩恵を受けるよう、よりインクルーシヴにするにはこの水産業革命をどうしたらいいか、である。

ベン・ベルトン氏

ベン・ベルトン氏

最初に強調したいことは、ミャンマーの水産業は、地理的に非常に集中しており、90％の養殖池が図の枠の地域に集中していることである。

この地域は、「デルタ域」であり、青色になっている地域が養殖池である。これらの地域は首都のヤンゴンにとても近いところにある。首都は真ん中の赤い点の部分だ。これは一部には、ヤンゴンには主要市場があり需要の主な発生源だからで、養殖池があるこれらの地域への交通の便がいいからである。もっと根本的な理由は、政府が養魚場の建築を許可したのはこの特定の区域だけだったためである。そのため、この区域外の農業従事者や養魚業を始める可能性のある人はずっと、水産業を始めるのに苦労している。そうしたくても水産業に加わるのを除外されてきたからである。農業セクター内では、こ

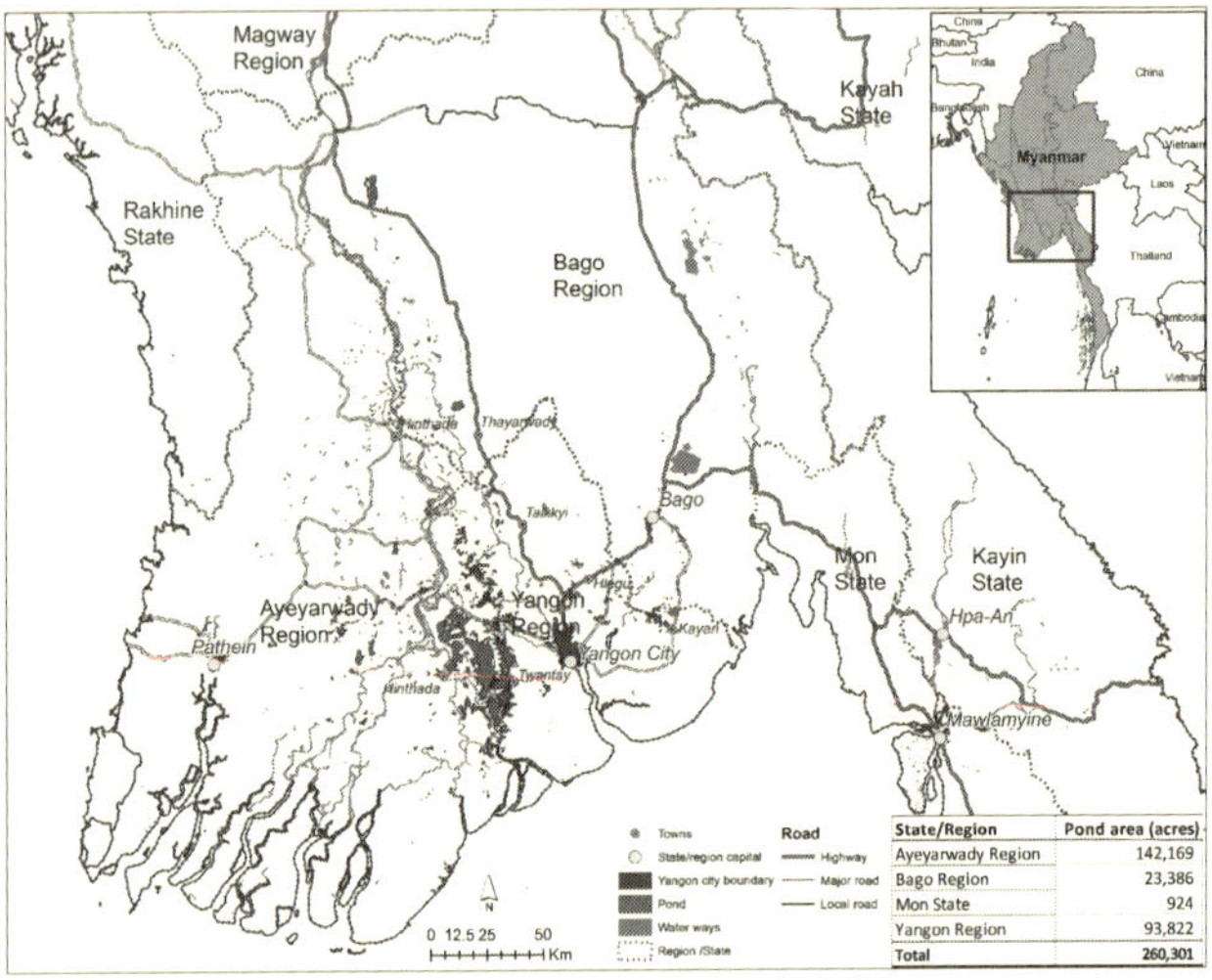

State/Region	Pond area (acres)
Ayeyarwady Region	142,169
Bago Region	23,386
Mon State	924
Yangon Region	93,822
Total	260,301

ミャンマーのデルタ域と水産業

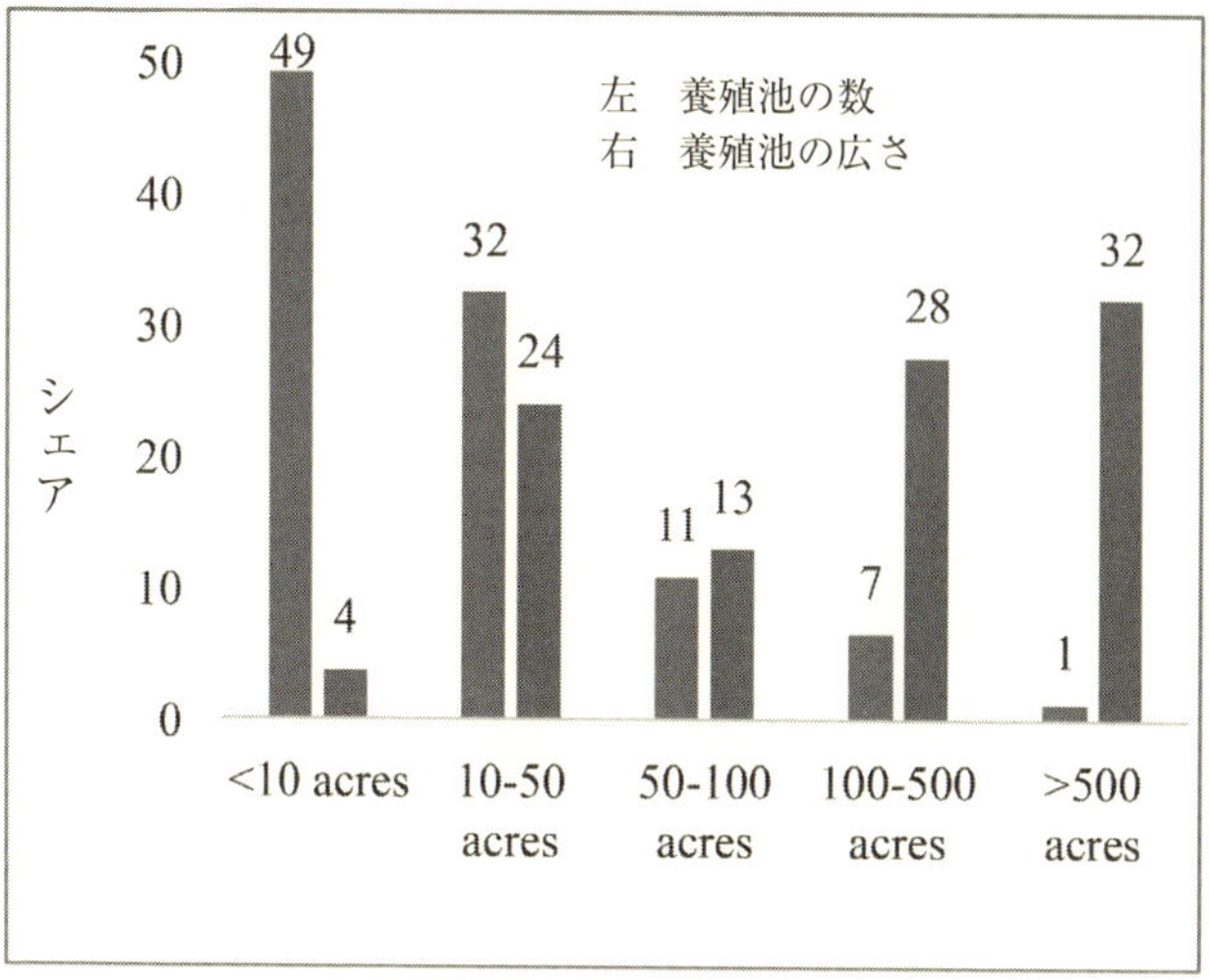
50
40
30
20
10
0
シェア
49
4
32
24
11
13
7
28
1
32
左　養殖池の数
右　養殖池の広さ
<10 acres
10-50 acres
50-100 acres
100-500 acres
>500 acres

養殖池の数と広さ

れは様々な規模の農場の数とそれらの農場の広さのデータである。左側の10エイカー未満の農場から始まり、右側の500エイカーを超える、非常に大きな農場まである。また、農場の半分近くは、10エイカー未満で、これらが占めているのは全農場面積の4％のみということがわかる。

もう一つ極端なのは、500エーカーより広い農場は全体の1％であるが、これが全農場面積の三分の一を占めていることである。つまり、農場の所有はごく一部の人に集中しているが、農業セクターからの経済的恩恵のほとんどをごく一部の人が受けているのである。ではなぜ、農業セクターはこんなに集中しているのだろう。ここで申し上げておくべきことがある。同じ地域の他の国では——もし皆様もタイやバンコクに行ったら——小規模農場や中規模農場が非常にたくさんあり、大規模農場はあまり多くないことに気づくはずである。恩恵の分配がより平等に行われているわけである。ではなぜ、ミャンマーは違うのだろうか。

オー・ヘイン氏がすでに報告したように、1988年以降の政策で、土地は押収され、奪い取られ、政府と密接な関係にある有力な個人や企業が経営する大規模農場に割り当て直されたからである。（これもまたオー・ヘイン氏が言っていたことだが）、以前の社会主義体制では、農民は市場価格以下で収穫物を売ることを強要され、借金も非常に多く、融資を受けられることがほとんどなかった。つまり、農民は大変高い金利でお金を借りなければならなかった。これは、水産業を営んでいた裕福な農家は、借金返済に苦しんでいた稲作農家から土地を簡単に買い上げることができたということである。

これが大規模農場の成長を促すことになり、同時に稲作農家などの農家が自分たちの土地を使って何をすることができるかは、依然として政府がコントロールしている。そのため、小自作農家が自分の土地を養殖池に転換することは本当に難しいのである。大規模農場が現れた地域に、自分の土地を養殖池に転換することができた何軒の農家があるが、これらの地域を除いて、そういうことは起きていない。でも農民が自分の土地を養殖池に転換する場合、小規模農家の場合は違法にそれをやらなければならないことがよくある。罰を受けずに自分の土地を養殖池に転換するには要するに賄賂を払わなければいけないのだ。養殖池の所有を許可する正式で合法な土地権利を持っていないからである。そのため借地権を担保にとって融資できる額が少なくなる。このようなパターンでの開発が続いたため、かなり排他的な結果になっている。つまり、多くの人が大企業の開発のために土地と生計手段を失ったのである。そして水産業に従事している小自作農家は、条件がかなり不利になっている。

次の図は小規模農場と大規模農場が経験している条件の違いを示している。

小規模農場は、養殖池を手に入れるための正式で合法な土地権利を手に入れるのに苦労していた。LaNa-39という書類がある。農民が合法に農地を養殖池に転換する場合にはこの書類を入手する必要がある。ご覧いただけるように、10エイカー未満の土地のうち、この書類を入手できて

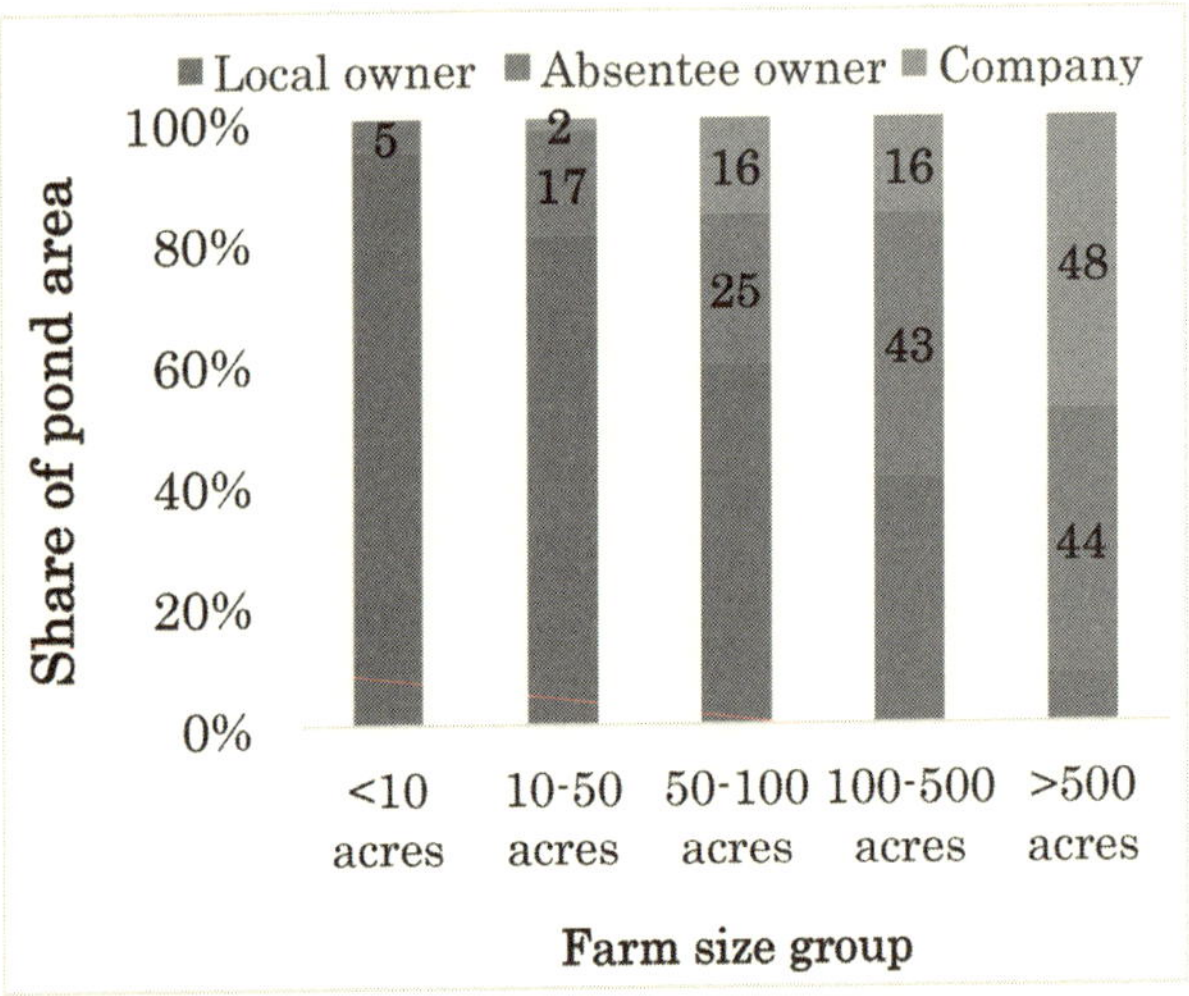

Local owner
Absentee owner
Company
100%
80%
60%
40%
20%
0%
Share of pond area
5
2
17
16
25
16
43
48
44
<10 acres
10-50 acres
50-100 acres
100-500 acres
>500 acres
Farm size group

農場の規模

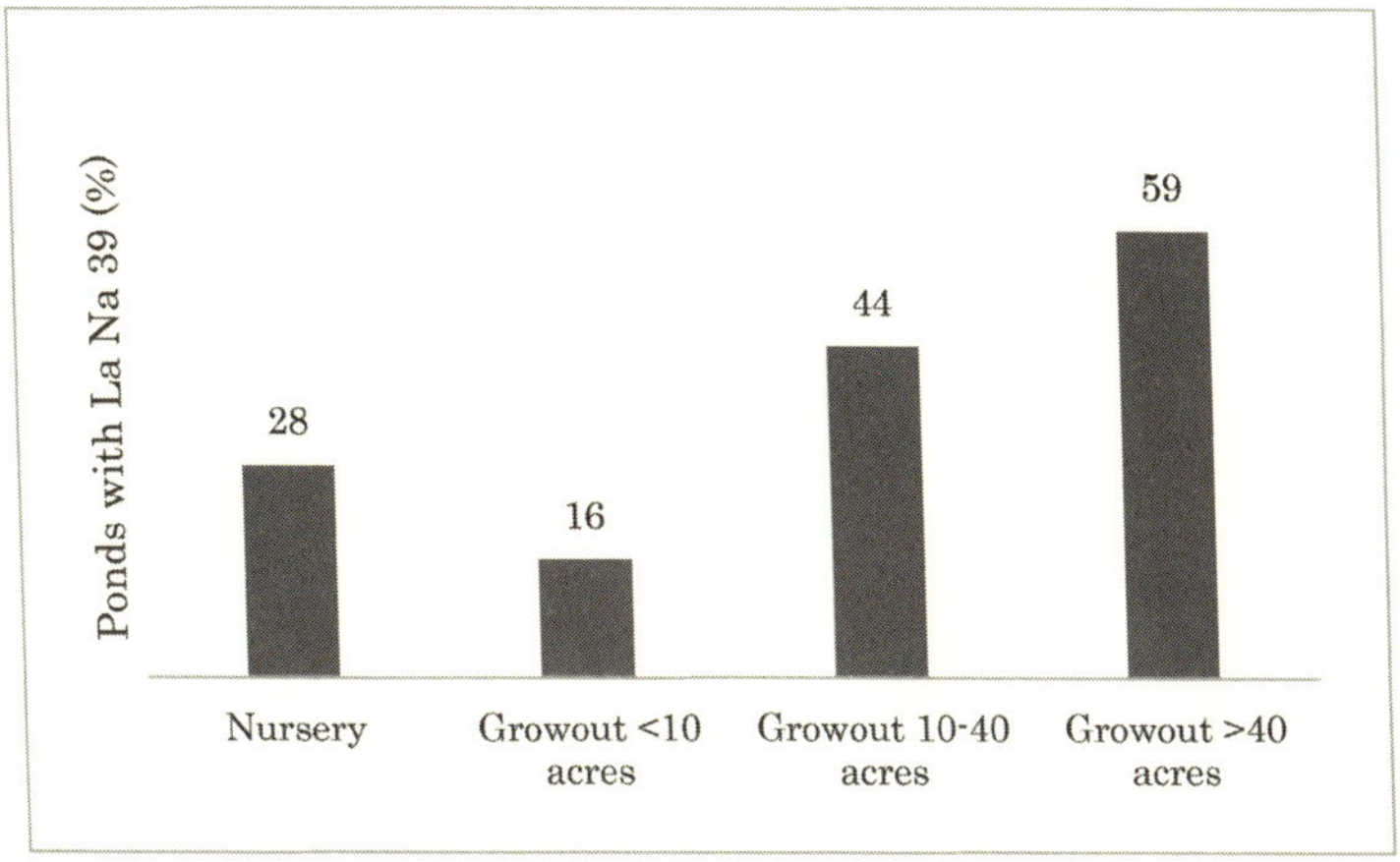

Figure 8 Share of ponds with La Na 39, by farm type
養殖池の種別シェア

いるのはたった16％だが、40エイカーを超える大規模農場では約40％がこの書類を入手している。これは、大規模農家の方がより多くの社会資本を所有し、より多くの役人に近づく手段を持ち、土地権利を手に入れるために支払える所得が多い傾向にあるからである。

同様に、融資について言えば、小規模農家の融資条件は不利になっている。小規模農家が利用できる正式な融資はない。小規模農家は民間の金貸しや親戚からお金を借りることができるが、金利は非常に高くなっている。年利70％から１００％を払う。大規模農場は、魚の取引業者からお金を借りやすくなっている。魚の取引業者も正式な金貸しというわけではなく、金利は高いが、年利30％から40％くらいで、他の金貸しよりもずっと低くなっている。魚の取引業者が大規模農場にお金を貸しているのは、そうすれば魚の売り上げからの手数料をもらえるからである。取引業者は大量の魚を手に入れたいので、多くの小規模農場と取引したくないのだ。小規模農場はバリューチェーンの中の不利な場所にいるわけである。構造的な集中もある。つまり、孵化場や餌料製造業者など、バリューチェーンの他のセグメントにおいて所有の集中が起きている。

例えば、餌料セクターは餌料の60％から70％を製造する一社が独占している。これはつまり餌料セクターは非競合的だということである。餌料の価格——魚の餌は地域の他の国に比べて大変高いので、使っている農場はそれほど多くない。従って、そうした農場の生産性はかなり低くなっている。しかし、オー・ヘイン氏がすでに指摘したように、バリューチェーンの他の農場以外のセグメントには肯定的な面もかなりたくさんある。養殖場や輸送手段のレンタルサービス、取引、餌料、魚のエサなどの関連の中小企業の数は本当に増えている。なぜなら、農場からの需要が高まっているからだ。そのため、十年の間に、この研究対象地域における養殖場の数は２００％増えた。これは、人々が働いて所得を得る多くの機会を提供している。

ミャンマーにおける複数の連続した政治体制のもとでの複数の農業方針、土地利用の方針、金融方針により、バリューチェーンにおいて高いレベルの経済集中が生まれているということである。つまり、少数の人が生産物の大半を所有していて、地理的にも一部の地域にかなり集中していて、ほとんどの養殖池は、一握りのロケーションに集中している。水産業はあまりインクルーシヴに発展しておらず、農業セクターもあまりインクルーシヴに発展していないということである。

恩恵は広く分配されておらず、小規模養殖業に従事している人たちはバリューチェーンに参加できても、不利な条件のもとでそうしている場合が多い。なぜなら、特定の社会的ネットワークや資本へのアクセスがないからである。それに、借地権を担保にとって融資できる額が少なく、融資もあまり受けることができないからだ。しかし、肯定的な面に目を向けると、広い意味での農業セクターの成長により、バリューチェーンの農業セグメント、特に養殖場において多くの機会を創出している。例えば、非常に多くの小さい世帯が養殖を始めることができている。そしてオー・ヘインさんがお話ししたように、水産業は農場において、水産業の他の労働創出源よりも多くの労働需要を生み出している。

ここでの疑問は、ミャンマーが政治的に新しい段階に入り、もっと希望に溢れ、もっと多くの機会が生まれた時に、よりインクルーシヴでより公平な農村の成長を促すため、より広範囲に及ぶ水産業の成長と農村経済の成長を促すために、私たちに何ができるかということである。そこで私から三つの提案をしたいと思う。一つ目は、農民に自分の望む作物を生産する自由を与えることだ。現在は、米を生産している農家は、米の生産を強要されている。彼らが他の作物を生産することは大変難しい。で農民に自分が生産したいものを生産する選ぶ自由を与えることで、大きく前進する一歩となる。二つ目。正式な融資を受けることが本当に難しいということがわかっている。農民は大変高い金利で融資を受けざるを得ない。中小規模の農場は妥当な利率で借りるのに苦労しているため、この制限を克服することができたら、農村地域における成長に大きな影響を与えるだろう。そして最後に、農民から権利のない土地を没収し、大企業に割り当て治すという深刻な不正が過去に行われていた。

多くの場合、こういう土地を手に入れた企業や個人はそれを農業用に活用していなかったので、この土地をもともと見つけた人々に返すという動きがすでにある。これはかなり時間のかかるプロセスである。いつも望む効果が出せるというわけではないため、論争の解決の過程を改善し、人々に補償するか、土地を失った人々に土地を返す必要があるのである。

石戸光

オー・ヘイン氏、ベン・ベルトン氏が所属する研究機関はアウン・サン・スー・チー新政権に大きな影響を与えている。そのため、彼らの活動は、新しいミャンマーとかなり深いつながりがあるのだ。濱田江里子氏と、キョ・ティハ氏とチョー・チョー・ソー氏による「日本がミャンマーのためにできることは何か」についてのプレゼンテーションに移る。

濱田江里子氏

今のプレゼンテーションでは、農村地帯を含めてインクルーシヴに成長するという、ミャンマーにおけるインクルーシヴネスまでの道についてお話しいただいたが、私たちは、視野を広げ、少し違ったアングルから、よりインクルーシヴな社会を構築するために日本とミャンマーはどのように協力しあえるかについて考えたいと思う。本日は、二人のゲストスピーカーをお呼びした。お二人ともビルマ、ミャンマーの出身であるが、現在は日本に住んでいるので、日本とミャンマーをつなぐ橋の架け方について、異なる考え方、希望、望みを持っていると思う。キョ・ティハさんは、ここ千葉大学の大学院で公衆衛生学を学んでいる。ＪＩＣＡ、つまり国際協力機構のプログラムに参加して２０１５年３月に来日した。医師でもあり、ミャンマーでは教師として働いていた。キョ・ティハさんには、日本に来た経緯と理由、博士課程の研究を終えてミャンマーに戻った後の将来の計画について発題してもらう。

二人目はチョー・チョー・ソー氏である。同氏が来日したのは1991年で、25年日本に住んでいることになる。日本で難民認定の申請をした。高田馬場でミャンマー料理のレストランを経営しているが、今日はそれが理由でここに来てもらったわけではない。チョー・チョー・ソー氏は大変熱心な活動家で、アウン・サン・スー・チー氏と協力しながらここ日本で民主化運動の主要リーダーの一人として活動している。

何本かのドキュメンタリー映画にも出演していて、最近ではNHKのドキュメンタリー番組に出演した。また、今月初めにはアウン・サン・スー・チー氏の来日中に、スー・チー氏と会っている。チョー・チョー・ソー氏には、自らの体験や、彼が望んでいること、計画していることについて話ししてもらう。

キョ・ティハ氏

私の経歴について簡単にお話ししたいと思う。すでにご存知のように、私はミャンマー出身である。生まれたのはミャンマーの中心に位置するマンダレーという町だ。マンダレーはミャンマー第二の都市である。博士号を取得して2006年にマンダレー医科大学を卒業した後は政府に就職し、マグウェ大学で政府スタッフ、そして助講師として2年間働いた。

2010年にマンダレー医科大学大学院の修士課程に入学し、2013年に生化学の修士号を取得した。その後現在まで、マグウェ医科大学の生化学部で講師として働いている。そして医学

キョティハ氏

部の学生、特にメディケアの2年生に教えている。この8年は講師をやっているが、マグウェ医科大学で講師として働いた時に、ＪＩＣＡがＰＥＭＥプログラム、つまりProject for Amendments of Medicare education（メディケア教育の修正のためのプログラム）を提案しているのを耳にした。ミャンマーには、医科大学が四つある。二つはヤンゴンにあり、あとは、マンダレー医科大学とマグウェ医科大学である。これら四大学から六つの科目が選ばれた。このニュースを聞いた時、私はとても嬉しく、ワクワクした。なぜなら、海外、特に日本で研究することが私の大きな夢の一つだったからである。当時修士号のために研究をしなければならなかった私にとって最大の問題は、素晴らしい研究を行うための助成金と設備だったからである。でもミャンマーでは、研究を行うためには、自分で資金を出さなければならない。政府からもどこからも助成金をもらえない、これは最大の問題の一つだった。

もう一つの問題は設備である。ミャンマーの大学、特にマグウェ大学には最新設備がない。だから私は日本のような先進国で研究し博士号を取得したいのである。そこで入試を受けたところ選ばれた。候補者の中から、私と一緒にミャンマーの四つの医科大学から12人が選ばれた。彼らは今、日本で、博士号課程で研究している。4年間のプログラムで、今年私は2年生である。

このプログラムは2019年に終わる。博士号を取得した後私はマグウェ医科大学に戻り、以前と同じように講師として働く。私は今人類遺伝学について勉強し、日本の川崎病への遺伝子の関与について研究している。私が強い関心を持っているのは人類遺伝学なので、ここで人類遺伝学の研究をできて大変幸運である。そしてその後の私の目標は、ここで学んだテクノロジーと方法論を今後の研究過程に応用することである。日本からミャンマーに戻ったら素晴らしい研究を行いたいと思っている。私がJICAに貢献していただきたいと思っていることの一つは、研究を行うのに必要な設備を提供すること、そして最も重要なのは助成金だ。これがあれば、近い将来、今以上に生産的で素晴らしい研究を実施できると思う。

チョー・チョー・ソー氏

私は日本には難民として25年以上住んでいる。ミャンマーで1988年に行われた民主化運動

チョー・チョー・ソー氏

に参加した。当時のミャンマーはビルマと呼ばれていた。私は日本に着いて初めて自由に気づいたため、「自由」は人類にとって最も大事なものだと私は知っている。なぜなら、私たちミャンマー人は自由のない社会で生きてきたからである。だから私は、日本人と、ビルマ人、ミャンマー人は少し考え方が違うと思う。私たちは自由のない国からやってきたので、自由は素晴らしいし、大事なものだと思っている。

　自由な社会には多くの機会がある。私は日本で多くのことを学び、また、日本での活動についてもいろいろと耳にしてきた。だから、日本の政治家や官僚に連絡を取った。一緒にやるべきことがたくさんあった。まず、私たちの国で起きていることを世界に伝えること。アウン・サン・スー・チーの言葉を引用する。私たちは、私たちの国で起きていることを世界に知ってもらう必要がある。スー・チー氏は、「知ってもらうべき一番大事なメッセージは、私たちの国、ビルマ、ミャンマーで何が起きているかを世界に知ってもらうこと」と言った。今、状況は変わりつつある。ミャンマーの政治的状況は、２０１０年の選挙の後、２０１１年以降、変わっている。今は、改革が始まり、２０１１年から新しい段階に入っている。２０１１年3月30日に、アウン・サン・スー・チーとテイン・セイン大統領が率いる政府が発足した。

今年3月にミャンマーに帰る機会があった。25年前に来日してから初めての帰国だった。都市部だけでなく、田舎も含め、短い時間だったが母国を見ることができた。来日して以来、初めて母国を訪れた第一印象は、特にラングーン（ヤンゴン）などの大都市ではいろいろなことが変わったけれど、農村地域は変わっていない、ということだ。電気も水道もガスも通っていない。農村地域では、人々は大変困難な毎日を送っている。50年、60年以上前と変わっていない。また、現在の小学校を見る機会もあった。私が今したいことは、農村地域の開発、特に地域社会の開発である。

それが農村地域のための基本的な開発だと思うので、私たちが農村地域を、農村地域の人々を主導しないといない。ただ助けるだけでなく、日本で活かされているノウハウや、毎日の生活をよりよくする方法を教える必要がある。そこで、日本、特にＪＩＣＡ（国際協力機構）がとても重要な役割を果たす。この場合の重要な役割とは、特に私が重点を置く、教育である。そこで友人たちが日本とビルマ、ミャンマーとの間で教育面での架け橋をスタートした。私たちは草の根レベルでスタートするつもりである。また、ＪＩＣＡは、ミャンマーにおける短期的開発だけでなく、長期的開発にも貢献できる。長期的開発の場合、教育に重点を置く必要がある。開発において、これは新たなミッション構築のプロセスなので、政治の面だけではなく、多くのセクターにおいてもやるべきことがたくさんある。いろいろな問題について経済面で合意することや、社会や教育、医療の分野など、やるべきことがたくさんあるので、三つのタイプの基本的プロジェクトが必要になる。

一つは、小学生や中学生など新たな世代を育てること、2つ目は30代、40代の人々の活動が奨励されるべきである。つまり、政府や国際社会が経済をもっと活発にするための環境を彼らのために作り出すべきだ。そして三つ目は、日本やアメリカ、ヨーロッパなどの先進国に住んだ経験のある私たちのような人間である。先進国に住んだ経験のある人はいろいろな経験をしている。

実際に彼らは自由な社会、民主主義の国で暮らしていて、本物の民主主義や先進国を確立するためにどう貢献すべきかを知っている。多くのことを経験し、様々な国に知り合いがたくさんいるのだから、ミャンマーという新しい国を構築するには、この三つのグループを調和させるべきだと思う。ＪＩＣＡもまた、ミャンマーという国を築くには、この三つのグループと連絡をとる必要があると思う。

石戸光

政治的包括について、こちらはとても重要な問題である。同僚の杉本和士准教授からお話がある。杉本准教授は実際に、法的支援の面でＪＩＣＡのプロジェクトに参加している。

杉本和士氏

私は、本年4月より、ミャンマーにおける法整備支援事業、具体的には倒産法の研究者として倒産法案の起草作業に協力させていただいている。なお、私自身は、10年以上にわたり、カンボジアの民事訴訟法の起草作業にも現在に至るまで関わっている。

この法整備支援事業には、先ほどにもお話が出てきたＪＩＣＡ、国際協力機構と法務省の付属機関である法務総合研究所国際協力部が共同して関与している。そして、今月11月の3日から、折しもアウン・サン・スー・チー氏が日本に来日していたタイミングに、私はミャンマーの首都ネピドーにおいて最高裁判所の倒産法案起草ワーキンググループのメンバー、このメンバーというのは裁判官たちですが、彼らと一緒にワークショップにて、連日、起草に関する議論を行っていたところである。

現在、ミャンマーにおいて、経済発展は著しく、およそ「倒産」というものとは無縁だというふうに考えられるかもしれない。しかし、今後も安定的にミャンマーが経済発展を遂げていくためには、仮に企業や個人が経済活動に失敗したとしても、これに備えてインフラストラクチャーとして倒産法制を整備していくことは必須であると考えられる。例えば、電力の供給を安定化させることも当然重要であるが、同じくらいに法整備というのは重要なインフラストラクチャーだということが言えるかと思う。

世界銀行は年次報告書である“Doing Business”において世界各国の倒産法制の整備状況についてランキングを掲載している。残念ながら、ミャンマーは現時点では非常に低い順位になっているが、これは倒産法制の整備状況というものがその国における投資の信頼度を示すものと理解されることを示している。従って、倒産法制をきちんと整備することは世界的にその国が投資対象国として安全か否かということを図る基準となっている。

今後、ミャンマーにおいて企業が仮に破綻したとしても、法律に則って裁判所の下での司法手続において企業に立て直しをする、すなわち再建をする機会を与え、他方で、その企業に対して融資をしていた債権者たちが公平かつ平等にお金を返してもらえるようにする法制度が必要になってくる。

また、個人についても同じことが言える。仮に個人の債務者が倒産したとしても、自らの経済生活の立て直しの機会、これを「フレッシュ・スタート」というふうに呼んでいるが、このフレッシュ・スタートの機会を法律に基づいて保障しておくことが必要となってくる。すなわち、仮に経済的に破綻したとしても、その者が社会の一員として経済生活を継続する、ちゃんとやり直しをすることができるような制度を用意しなければならないということである。

その他、ミャンマーの倒産法制を整備する際においては、当然、ミャンマー特有の事情も考慮する必要がある。例えば、ミャンマーの社会事情として、ミャンマーは有数の農業国であるので、農業者、農家あるいは先ほどお話のあった漁師、そういった人たちが経済的に破綻した場合の特別の措置ということも考えなければならないと私は考えている。

まさにミャンマーにおいて法の支配、“rule of law”というものが実現し、またこれが定着していくために今後も引き続き法案起草作業に私は協力していきたいと考えている。

石戸光

このように、千葉大学はすでにミャンマーの民主化プロセスをサポートしている。次は、モー・ミン・ウー氏に討論者として、ご自身のことをお話しいただく。

モー・ミン・ウー氏

ミャンマーという国を日本人にもっと知ってもらおう、現実というのはどういうものなのか、どうやってミャンマーは民主化していったのかという説明をする。　まず私の自己紹介から、私の名前はモー・ミン・ウーである。去年、国民総選挙にミャンマー農民発展党から出馬したが、見事に落選した。NLDに負けた。今、事業としては石油精製と肥料の販売をしている。

私の日本との関わりは、約35年前の6歳のころからである。私は裕福な家庭で育ち、日本と行

モー・ミン・ウー氏

ったり来たりしていたが、母と一緒に日本に来ている1988年に民主化運動が勃発した。私は母と一緒に民主化運動に関わり、民主化をした。なぜ民主化をしたのか。大変ひどい政治だった。国民のことを思っていなく、全てのことを独断で政治をしていた時代であった。

母はこちらで、在日ミャンマー人協会の会長をしており、日本にあるミャンマー人たちを束ね、ミャンマーにいるスー・チーさんと一緒にNLD党をつくり、ミャンマーの発展のために尽くした。当時の軍事政権から私たちはパスポートを没収され、ミャンマーに帰ることができず、政治第1難民になってしまったため、私は中学校、高校、大学と日本で暮らすことになった。

大学を卒業するかしないかのときにミャンマーにいる元首相、キンニュン首相に「ミャンマーに帰って来てください」と言われた。それで、母は彼の言うことに合意した。

皆さんは今どう思われるか。軍事政権が悪いと言っているのに軍事政権に帰って来いと言われ、ミャンマーに帰っていく。なぜだろう?

なぜキンニュンさんに「帰っておいで」と言われ、帰ってきたのか。キンニュンさんは、国を立て直しましょう、一緒にミャンマーを立て直しましょうと言っていた。では、どういうふうにミャンマーを立て直していくのか、これから後で説明する。

まずそのときの軍というのを説明する。ミャンマーでは俳優もやっていた。1988年にミャンマーに「帰っておいで」と言われたときに、第一に、先ほどの俳優を目指した理由、それはキンニュンさんに君は何になりたいんだと言われて、私は「議員さんになりたい」と話した。そうしたら、キンニュンさんは「まずお前は俳優になれ」と。

こちらは議員さんになりたいのに「君は俳優? 何を言っているんだろう」と。後々に民主化するから、そのときに俳優は票が集まるぞと言われた。それで私はなんとなくこういう形になった。これが俳優時代の私である。

それでは、キンニュンさんは何で民主化を分かっていたのか。どうして20年後を分かっていたのか。彼がつくっていたからである。これがキンニュン将軍、元総理である。彼は、何で分かっていたのか。理由は、彼は20年後のプランを立てており、そのときから民主化を進めていたからである。

まずその前に軍には二つ派閥があった。先ほど話したが、どうして軍が呼んで戻ってきたのかということで、派閥が二つあり、まず一つは海外を知っている軍人、要するに民主化を進めようとした方々、キンニュン首相を含めこの方々が民主化をしようと思っていたが、内戦を戦い抜いたたたき上げの軍人さんたちがその逆だった。その二つの派閥の民主化を進めるほうに私たちは入って進めようとした。

彼は七つのロードマップを掲げていた。何かというと、国民会議の再開、規律ある民主主義体制の実現に向けたプロセスの段階的な実行、新憲法の起草、国民投票による憲法承認、自由で公平な選挙の実施、議会の開催、国家指導者・政府・中央集権による民主的な国家の建設、これが彼の七段階のマップで、そのとおり進めていき、今は自由になってきた。

彼がもう一つ考えていたことが「平和」。彼の時代には全ての部族は平和に統治してきた。ミャンマーというのは135の民族がおり、彼らがいろんな問題を抱えている。彼らの一番の問題は三部族ある。上のラカイン、ワ族とかチン、コーカン族、ロヒンジャが20年前から大きな問題を抱えている。ラカインのほうにはロヒンジャ問題がある。これはインド側の方々が入ってくる問題である。右側の問題は中国からの圧力でできた。これがミャンマーの重荷になっている。これをまず解決していくというのが二つ目の考えである。

三つ目の考えは経済発展である。経済発展していくにはどうすればいいのか。ミャンマーというのは、今見てのとおり右側が中国で13億人いて、左側がインドで12億人がいる。ＡＳＥＡＮは

6億人いる。それらの中心にいる。ということは、先ほど皆さんがいろいろ話したとおり、ミャンマーはこの構図の中心にある。

ミャンマーというのは、天然資源、石油、天然ガス、鉱物、宝石。これは石油を掘っているミャンマーの鉱山の場所である。そういうものがミャンマーからいっぱい出る。それらの立て直しとしっかりとした税金取り。立て直しがまず必要である。

第二点に農業産物。ミャンマーは農産物の大きな顔が四つあり、その四つは広い土地がある。農業に関してはこんなに地形がいいというのは世界でもそんなにない。それがミャンマーの経済立て直しのポイントになる。

あと、もう一つは私が考えているのは、例えば日本ではトヨタ車というのが世界的に安全安心ということで世界のトップに技術一番として上り詰めた。ミャンマーとしてはどういう形にして上り詰めればいいのかと考えると、今からトヨタ車みたいには造れない。では自分の特色、自分ができることからどうすればいいのかと考えると、農業である。農業でより安全なもの、ミャンマーから来たものは安全安心という考えを世界に売れれば、70%もいるミャンマーの農民の利益が上がり、ベースアップするのだ。よって、畑。これは無農薬肥料である。これも私はミャンマーに勧めている一つだ。

あと、もう一つ大きな、お勧めしたい一つが、ミャンマーというのは世界の中心であるということ。今皆さんが考えている物流交流がある。まず物流交流で日本が考えているのは陸路と考えているが、陸路ではなく、この海路でミャンマーとタイの国境のところを運河にしてしまえば、経済発展は著しく変わってASEAN全体の経済がもっと良くなっていくに間違いない。
日本が今ミャンマーにOEDなどをたくさん出している。この前も出した。これはとてもミャンマー人のためになる。ただし、もう一つ私が意見を言いたいのは、お金を出すだけではなく、例えばこういう運河を日本が先頭になって立ち上げ、ミャンマーの国には土地使用料として払い、利益を日本がもらう、タイに土地使用料を払い、技術を投資した日本が利益をもらうウィンウィンの関係でやっていければもっといいのではないかと私は考えている。
日本はこれからもミャンマーのためにどんどんお金を出していくとは思うが、お金だけではなくそういうお互いがウィンウィン関係で行ける投資の仕方をしてもらえれば、私は両国のために良いと思う。

石戸光

モー氏のお母様（ミャ・ミャ・ウィン氏）からも、一言お願いしたい。

ミャ・ミャ・ウィン氏

私が日本に来たのが1979年なので、37年前に日本へ来た。それから行ったり来たりで、1988年に民主化運動に参加したから、パスポートを没収された。私は、そのとき12歳の息子

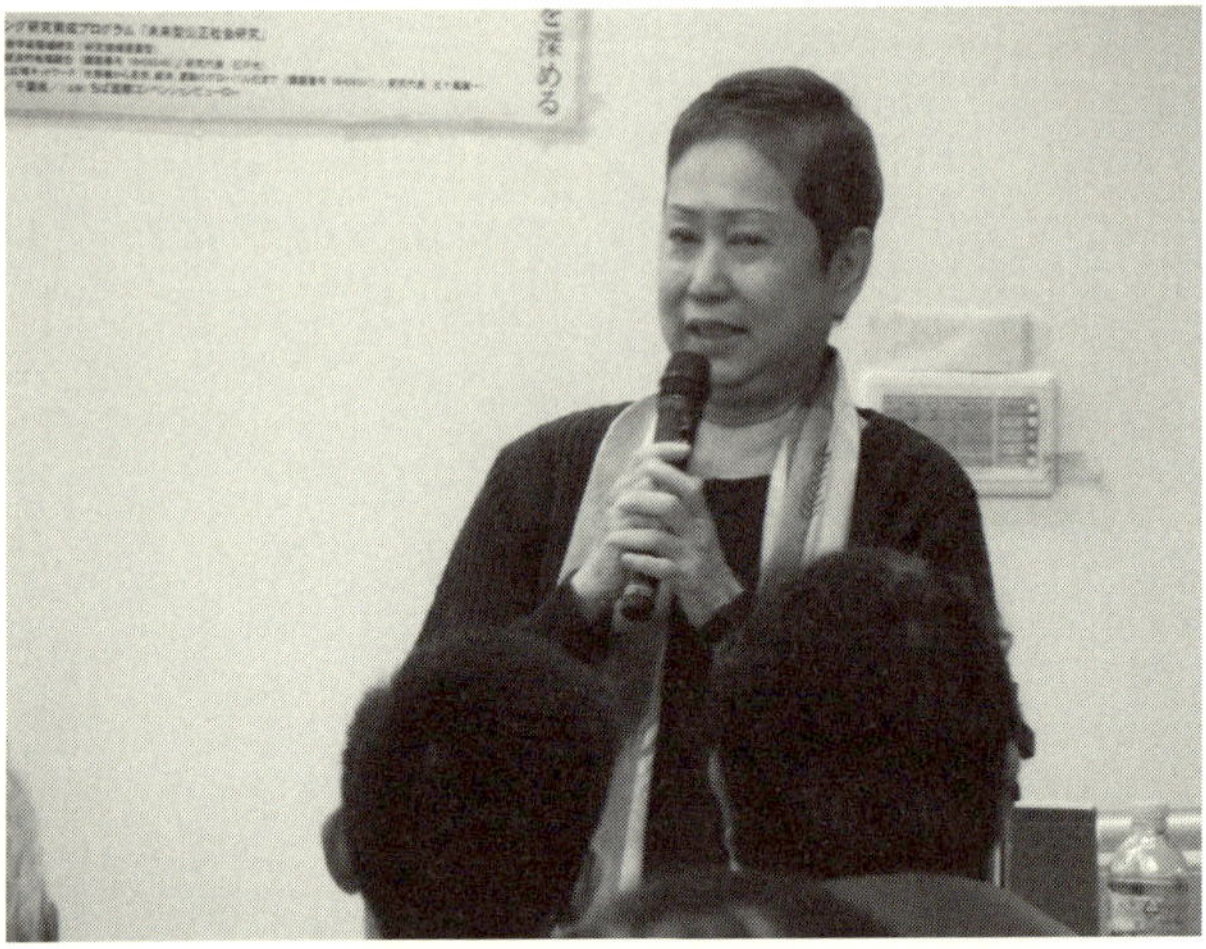

ミャ・ミャ・ウィン氏

と一緒に日本へ来ていた。主人と娘二人をミャンマーに置いてきたから、母親が子供二人をミャンマーに置いたままで自分のうちに帰れないその気持ちは、もう説明は要らないだろう。生き離れて、本当に死ぬほどつらかった。そのとき私は日本で政治難民第一号になった。私の息子は未成年ですから、そのときは子供のパスポートが、ミャンマーに、未成年として私と同じパスポートに入っていたから、自動的にといえばいいかな、難民になった。

10年間、日本で在日ビルマ人、そのときはビルマ、ミャンマーではないが、在日ビルマ人協会の会長としていろいろな活動をしてきた。アウン・サン・スー・チーさんと初めて会ったのが1985年、4年か5年、民主化運動の前である。彼女が京都に勉強に来たとき、そのときに私は名古屋にいた。

名古屋から会いに行って、そのときは私も普通の主婦、彼女も普通の主婦だった。二人で話して、いろいろ食べながらケラケラ笑ったが、あと3年・4年たったら大変なことが起きると、そのときは二人とも知らなかった。人生は私も私なりに大変だった。彼女も彼女なりに大きい山を何回も越えなければならない、そんな人生だった。

第三部　ＡＳＥＡＮと国際レジーム

石戸光

第三部は、ASEANと国際体制についてである。発題者は二人とも千葉大学の関係者で、ASEANにできること、ミャンマーが検討できることについて千葉大学の考えをいろいろと聞くことができる。まずは法律専門の藤澤巌氏である。テーマは「地域協調の枠組み：法的な視点から」である。

藤澤巌氏

このプレゼンテーションでは、地域協力の枠組み、特にASEANについて、法的な観点からお話したいと思う。今日のシンポジウムではこれまで、様々な視点から見た近年のミャンマーの発展をテーマにディスカッションをしてきたが、私はまず、ASEANのミャンマーとの関わりからお話しする。

1990年代、西側の先進諸国はミャンマーの軍事政権を強く非難し、国際社会でミャンマーを孤立させるために制裁措置をとった。しかしその一方、ASEANはそのような政策に非常に批判的で、特に、そのような政策は行き過ぎた介入主義であると主張し、制裁の代わりに、建設的関与政策を主張した。この政策は、適切な手段による対話と説得に重点を置いてミャンマーにおける状況を改善する、というものであった。ミャンマーは、１９９７年にＡＳＥＡＮに加入したが、それは主にこのような建設的関与政策のおかげである。

私は、ＡＳＥＡＮによるこのような建設的関与政策が西側の強硬政策より良かったのかという問いに答えようとは思わない。むしろ、そのような建設的関与政策の根底にある国際規範に対するＡＳＥＡＮの概念について重点的にお話ししたいと思う。こうした規範は ASEAN Way と呼ばれていた。私はこの ASEAN Way について考えたい。

まず、ASEAN Way はどういう意味かという疑問についてである。ASEAN Way は、東南アジア諸国間の様々な関係に対処することを目的にした一連の規範を表すキャッチフレーズだ。しかしこの ASEAN Way にはきちんとした定義がなく、ある人にとっては、高度な協議とコンセンサスを特徴とする意思決定プロセスを意味する。この考え方において ASEAN Way は、非公式なやり方とコンセンサスによる意思決定に基づく地域間の交流と協力を優先している。一つ目の要素である非公式なやり方は、その結果として公式の国際協力機関の敬遠をもたらす。二つ目の要素は、集団的な意思決定原則としてのコンセンサスである。その決定に明らかに反対している当事者が一人でもいたら、決断は下せない。

一方で、「内政不干渉」の原則の中にASEAN Wayの本質を見る人もいる。実際、ASEANはずっと以前からこの原則を認めている。

ASEAN Wayの定義にはこのように二つのバージョンがあるが、注目すべきは、これら二つのバージョンのASEAN Wayの基本的な考え方は同じだということ、そしてその考え方とは国家主権であることである。非公式なやり方とコンセンサスによって、各国の独立性はその国の同意なくして制限することができないようになっている。「内政不干渉」原則もまた、外部の強制から国家主権を守ることを目的にしている。よって、ASEAN Wayの本質は、「東南アジア諸国における各国の主権を互いに尊重する」ということを示していると言える。

さて今度は、国際法との関連の中でのASEAN Wayの位置について見ていく。国際法には概して二つの目的がある。一つ目は、武力紛争や争いを防ぐことで各国の共存を実現することである。この目的のために国際法は、各国の国内の主権の実際の範囲を制限する基準を発展させてきた。また、国際紛争の平和的解決の手段も提供する。「内政不干渉」原則もまた、イデオロギーの異なる国々の共存を達成することを目指している。

二番目に、国際法は、共通の目標の達成を視野に入れた国際協力を促進する。このような、協力を促進する国際法は、冷戦終結後に勢いを増した。人権、地球環境、そして世界経済といった問題を解決するには国際的に共同して活動する必要がある。全ての国はこれらの問題に対処するという共通の関心を持っているが、どの国も単独でこれらの問題を解決することはできない。

こうした共同活動は、多国間条約の締結から始まる。多国間条約は、締約国が共働するべき共通の目的を確立するとともに、全当事者の行為を法的に拘束する基準を定める。この方法により、条約は、国家主権のおかげで以前各国が享受していた自由を制限する。さらに、これらの法的基準に違反すると、これらの基準の順守を違反国に強要する制裁措置がとられる場合がある。

最後に、これらの条約は、条約基準の順守を監視し促すための国際体制を確立する。国際体制の形式は様々で、国連や欧州連合などの正式な国際組織として確立されているものもあれば、国際刑事裁判所のように国際的な司法機関という特性を持つものもある。

ここで、ASEAN Way は国際法が目指す二つの目的に適合するか、という疑問が湧いてくる。まず、ASEAN Way は共存を実現する国際法にとてもよく適合するというのはすぐにわかる、その一方で、協力を促進する国際法という、国際法の二つ目の目的とは一見すると対立するようである。すると、ASEAN Way は協力を促進する国際法を妨げとなるかという疑問が湧く。この点については、いつもそうとは限らないというのが私の主張である。協力を促進する国際法という概念における修正を指摘している最近の意見を考慮に入れれば、ASEAN Way は共通する様々な問題の取り組みにより良い貢献ができると言える。

まず、これまで見てきたように、国際的協力を支持する人たちは、制裁措置の重要性を強調する場合が多いが、「制裁措置は法的基準を順守させる上で効果を発揮した試しがない」という、強い反論がある。確かに、この反論は「共通の問題に対処する多国間条約が主流となっている」

という優勢な意見に同意する。しかし、この反論は、「強硬な強制措置は法的基準を順守させるのに有効である」という意見は否定する。まず、制裁措置は大変高くつく。各国間で協調した行動をとるだけでなくそうした行動を維持するために、かなりの政治的投資を必要とするし、通常は対象国の言動を変えるにはとても長い時間がかかる。そのため、制裁措置は、法的基準を強制する時には頼りにならない。また、制裁措置は、平等の原則に違反するため正当性に欠ける。つまり、あるケースにおいては制裁措置を課し、それと似た他のケースには課さないということがあり、適用に一貫性がないため、似たケースは同じように処理されるべきだという原則に反するのである。

その場合、制裁措置に代わる手段は何であろうか。何人かが代替手段として提案しているのは、順守させるために協力して問題を解決するというアプローチに依存する管理モデルである。このモデルでは、制裁措置を受けるようなことをした国は概して誠意を持って法的基準に従う意思があると仮定されている。法的基準に従わないのは、概して、誠意がないからではない。実際は、基準が曖昧である、または、法的基準に従う国の能力に限界があることが原因である場合が多いのである。そのようなことが原因で法的基準に従わない場合、順守のプロセスは、国家間や国際体制、その他のステークホルダーの間の対話を通して進め、不順守の原因を特定し、順守していない国が順守できるように支援して力を与えるべきだということになる。

もう一つ重要なのは、民主的正当性を強調する際のコンセンサスの役割である。コンセンサスによるアプローチは協力を促進する国際法においてより肯定的な役割を担うことができると言えると思う。協力の国際法は、主に2つの点で、より伝統的な、共存を実現する国際法から区別されている。一つ目は、従来規制の策定が各国の自由に委ねられてきた事柄に対してどんどん立ち入るようになっている点、二つ目は、そのような事柄の管理に国際的体制が積極的に関与している点である。これら二つの要因が組み合わさって、その国の住民に影響を与える規制が、その住民に対してそうした国際的体制によって課せられるという結果になる。でも、住民はそうした規制の策定に意見をいうことはできない。これを「民主主義の赤字」と言う。

この欠点をなくし、国際法をより民主的にするために、多くのアイデアが提案されてきた。しかし、この問題を解決する最も簡単なアプローチはコンセンサスによるアプローチである。意思決定においてコンセンサスを求めることで、各国の自由が守られる。民主国の場合、自由は民主的に選ばれた政府が行使するので、コンセンサスによる決定により、一般投票によって選ばれた政府を通して民主的正当性が実現される。

次に、ASEAN Way の限界についてである。私は、ASEAN Way は必ずしも、国際的協力の妨げになるものではないと主張した。実際、ASEAN Way の特徴の多くは、つまり、非公式なやり方、コンセンサスによる意思決定、強制しないやり方は、国際体制の中でコンセンサスによらない決断に基づいて強制措置を課す他の方法よりも、より効果的に目的を果たすことができる。でも、ここで、「国は誠意を持って法的な基準を順守する意思がある」という仮定についてもう一度考えよう。この絶対に満たされるべき条件が満たされないと、このアプローチはうまくいかない。

このことは、最近の南シナ海仲裁を考えるとよくわかる。この仲裁は、皆さんご存知のように、南シナ海における中国の行動に対処するためのものだ。多くの国々がこの海域の海洋地形の領有権を主張してきたが、この仲裁は、国連海洋法条約、略してＵＮＣＬＯＳにおける紛争解決手続に従い、フィリピンが中国に対して行ったものである。ＵＮＣＬＯＳでは、他方当事者――この場合は中国である――が法的解決をすることに同意していなくても、国際裁判所に一方の当事者が一方的に訴えることができるとしている。フィリピンは他の国々と同様、いわゆる九段線に囲まれた南シナ海の海域に対する中国の歴史的権利の主張は、条約に違反していると主張していた。

ここで重要なのは、このケースは、ASEAN Way が非公式かつコンセンサスによる問題解決アプローチを通して中国を押さえつけることができなかった結果であるという点である。重要なのは、この画面でご覧いただけるように、ＡＳＥＡＮは、問題解決のために非公式かつ柔軟な合意を通して中国を抑制する努力をしたが、この努力は失敗に終わったということだ。この状況において、最終的にフィリピンは改善措置を求めて国際裁判所に訴えたという背景がある。

このケースが皮肉なのは、ＡＳＥＡＮの加盟国であるフィリピンは、今は ASEAN Way を信用していないのに、中国は、ASEAN Way をむしろ重視したことである。これは、ある国が ASEAN Way を通じた地域的プロセスを一貫して阻害している時には ASEAN Way はもはや助けにならないことを示している。

まとめると、ASEAN Wayは以前から国際的協力の妨げになると批判されている。しかし「加盟国がお互いと協力する意思がある」という条件を満たす限り、共通の懸念事項に対して効果的に対処する助けとなりうるが、南シナ海仲裁について考えると、いつもそうなって当然だと考えるべきではないことがよくわかる、ということである。よって、ASEAN Wayは、結局のところ、正式な手順、または、コンセンサスによらない手順がないと上手くいかない場合があるように思われる。

石戸光

次は、千葉大学の五十嵐誠一氏による「ASEAN統合に対するマルチステイクホルダー・アプローチ」である。

五十嵐誠一氏

私の専門は、国際関係論とアジア政治で、主に関心を持っているのは市民社会のため、今日は東南アジアにおける国際関係と市民社会についてお話しする。

まず、このプレゼンテーションの目的についてお話しする。私は、東南アジアは重層的な地域だと考えている。つまり、大きな地域である東南アジア（ASEAN）、中程度のサブ地域であるメコン、小さい地域であるミクロ地域で成り立っている。そして、これらの地域の大半において、政策決定への市民社会組織の参加が増え、マルチステイクホルダー・ガバナンスが発達しているということを主張したい。

さて、図が示すように、東南アジアは様々なサイズの地域から成り立っている、重層的な構造になっていることがご覧頂ける。これらの地域においては、NGOなどの市民社会組織が意思決定に関与しており、市民社会の参加によってマルチステークホルダー・ガバナンスが発達している。この事実を踏まえ、私は、特に批判的国際関係論の観点から、東南アジアにおいて人民指向・人民中心の地域はどうすれば実現できるのかについて考えていきたいと思う。批判的国際関係論とは、現在の国際秩序を批判的に理解し、新たな国際秩序を探るアプローチである。こうした批判的国際関係論の立場から、市民社会、そして市民社会研究というレンズを通して、東南アジアにおける現在の地域秩序を批判的に分析したい。このような私のアカデミックな立場についてご理解いただければ幸いである。

まずはASEANについてお話しする。2000年代中頃からASEANは、市民社会に門戸を開き始めた。その理由は二つある。一つ目の理由は、国レベルだけでなく、地域レベルでも、市民社会が著しく成長していること、二つ目の理由は、政界のエリートが人民中心、人民指向のASEANを強く意識するようになったことである。この延長線上にあるのが、2003年の第9回ASEANサミットで提唱されたASEAN共同体だ。ASEAN共同体には3本の柱がある——安全保障、経済、社会文化共同体だ。これまでのところ、経済共同体が最も進展しているようである。ASEAN共同体の目標は、人民指向のASEANを作ることだが、もっと重要なことは、ASEANの意思決定へのNGOの参加を促すことである。

では、人民指向のASEANの実践をいくつか確認してみよう。ASEAN憲章は2008年12月に発効した。この憲章は、ASEAN共同体で最も重要な文書である。SAPA（アジア民衆アドボカシー連帯）という名前の国境を超えた市民社会ネットワークが、憲章の草案を作成する会議に出席した。SAPAは、東南アジアを代表する五つの市民社会ネットワークによって2006年2月に作られた。SAPAは、現在の国家中心、経済中心の地域主義ではなく、人民中心の地域主義を促進しようとしている。

個別のイシューでは、市民社会組織はこれまで人権と移民労働者の権利を促進してきた。人権については、SAPAなどの市民社会組織が人権機関の権限条項の策定過程に参加し、2009年にAICHR（ASEAN政府間人権委員会）が設立された後も、市民社会組織は委員会との協議の機会を持っている。移民労働については、市民社会はASEAN移民労働者委員会に多くの提案をしてきた。この委員会は、移民労働の国際文書を作ることを目指している。市民社会はまた、2008年からASEAN移民労働者フォーラムにも参加している。このようにASEANは、人民指向・人民中心を実践しているが、批判的国際関係論が強調する権力構造から見ると、私たちはこれまでとは違う景色を見ることになる。研究者の中には、コーポラティスト地域主義という概念を用いて、市民社会に対するASEANのコントロールの強さを指摘する人もいる。市民社会の参加は、ASEANが自身の改革アジェンダを正当化する手段にすぎないと言う研究者もいる。

この典型的な例の一つは人権である。先ほどお話ししたが、市民社会組織は、AICHR設置のための会議に参加した。そこで市民社会組織は、人権の普遍主義を重視し、「ASEAN方式」として知られる内政不干渉の原則の放棄を要請したが、AICHRの権限条項では、「アジア的価値」として知られる人権の相対主義と内政不干渉の原則が重視される結果となった。

次は、メコン地域である。メコン地域は、アジアの経済成長のニューフロンティアと呼ばれている。この地域では経済発展のために、多くの政府支援が提供されてきた。今では、世界中の企業が投資機会を求めてこの地域に参入している。その志向性は、開発、経済中心の地域主義と言える。経済発展を促進するために、すでにメコン地域では多くの地域レジーム、多くの地域協力枠組みが作られている。このような多くの枠組みがある状態を「メコン・コンジェスチョン（混雑）」と呼ぶ研究者もいる。そしてメコン・コンジェスチョンにおいては、国のリーダーシップが強いのが特徴である。

メコン地域でも、人民中心の実践が見られる。例えばＡＤＢ（アジア開発銀行）は、Greater Mekong Subregion Economic Cooperation Program（大メコン圏経済協力プログラム）の指導的役割を果たしてきた。このプログラムでは、国際的な環境ＮＧＯであるＷＷＦ（世界自然保護基金）

が「生物多様性保全回廊イニシアチブ」を担っている。MRC（メコン川委員会）も市民社会との関係を強化している。MRCは、メコン川の発展と保全についての協議を行う地域的機関である。1990年後半以来、MRCは、市民の参加を推奨しており、今や市民社会組織は、MRCの全てのプログラムにおいてステークホルダーになっている。

MI（メコン機構）は、メコン川流域の6か国が運営する政府間機関で、特に、人材開発とキャパシティビルディングを行っている。MIでは、メコンフォーラムとマルチステイクホルダー政策協議ワークショップにNGOが参加している。もう一つの好例は、米国が主導するLower Mekong Food Security Database（メコン川下流食糧安全保障データベース）である。このデータベースには、500以上のパートナー組織が関わっている。その多くは市民社会組織だ。ここでも重要なのは、市民社会の参加は、真の人民指向の地域主義なのかトップダウンのコーポラティスト地域主義なのかということである。

残念なことに私はMIについてよく存じあげないが、ADBとMRCについては、コーポラティスト地域主義が優勢であり人民指向または人民参加型の地域主義は形骸化していると言わざるを得ない。例えば、ADBが実施している市民社会との協議のほとんどは表面的なもので、会合への参加はADBが認めた組織のみに制限されている。地元住民は、GMSのプロジェクトをあまり知らず、市民社会がフィードバックを行える仕組みはない。

MRCは、国のリーダーシップによって強く制約されている。その結果、加盟諸国は容易に、流域全体の利益よりも国益を優先させることができる。そのような国家中心的なガバナンスでは、参加する市民社会はプロジェクトを承認する「青信号」を付与するだけになりかねない。

最後に、ミクロ地域について簡単に説明したい。ミクロ地域の特徴はＡＳＥＡＮとメコンの特徴に似ている。第一に、国家のリーダーシップが強いこと、第二に、経済中心の地域主義だということである。ミクロ地域はまた、市民社会の参加とマルチステイクホルダー・ガバナンスを奨励している。例えば、ＩＭＴ－ＧＴ（インドネシア・マレーシア・タイ成長の三角地帯）のグリーンシティ・イニシアチブは、地方自治体、市民社会、民間セクター間のパートナーシップを求めている。ＩＭＴ－ＧＴとＢＩＭＰ－ＥＡＧＡ（東アジア成長地域）は、市民社会の参加の重要性を認識している。ＣＬＶ－ＤＴＡ（カンボジア・ラオス・ベトナム開発の三角地帯）のマスタープランには、ＮＧＯを含む多様なアクターの幅広い参加の重要性が記されている。こうしたミクロ地域についてはまだ研究中である。

まとめると、東南アジアの市民社会組織は、地域の政策策定に参加している。つまり、人民中心・人民指向の地域主義、学術的な言葉で言えば参加型地域主義への認識が徐々に高まっているということである。また、このことはマルチステイクホルダー・ガバナンスが発展していることも意味する。今後の課題は、人民中心のレトリックと現実とのギャップを埋めることである。市民社会の立場に従えば、国家中心、経済中心の地域づくりから、持続可能性、そして人権や移民労働者の権利などの社会正義により重点を置いた、真の人民中心の地域づくりへと移行することが必要である。

石戸光

とてもイノベーティブで重要な内容と思われた。ワットチャラス・リーラワス氏に、今のASEANと国際的体制についてどう感じているかを簡単にお話ししていただく。

ワットチャラス・リーラワス氏

ASEANについて、ASEANのバックグラウンドについてお話しする。ASEANが設立されたのはずっと前、48年前の1968年である。政治的な面での協力のみを目的に設立された。この地域に共産主義体制が広まっていたからである。原加盟国は、タイ、マレーシア、シンガポール、フィリピン、インドネシアの五か国で、ブルネイがあとから加盟し、一緒にASEANを設立した。ASEANは東南アジア諸国連合の略だ。目的は、ASEAN諸国の政治力と交渉力を高めることである。加盟国はみんな小国のため、それぞれの国の交渉力、取引力は大きくないので、統合する必要がある。

ASEANは当初、政治的な理由のために設立されたが、後に、この地域の状況が落ちついてきた1992年に経済協力がスタートした。皆さんもAFTAという言葉を聞いたことがあると思う。ASEAN自由貿易圏のことだ。1992年からASEANでは経済協力をスタートし、その後、CLMV、つまりカンボジア、ラオス、ミャンマー、ベトナムが1996年から1997年にかけて加盟した。その後、2008年に、あらゆることを法律化しなければならないとし、ASEAN憲章を作り、それから2015年にASEAN共同体を結成した。ASEAN共同体では、三本の柱がある。ASEAN経済共同体、ASEAN社会文化共同体、そして政治共同体である。ASEANには、ASEAN Wayがあり――もちろん、私は教授お二人と同じ意見で、「内政不干渉」原則を支持する。ミャンマーで政治的問題が発生した時、ASEANは介入しなかった。タイで政治的問題が発生した時もASEANからの介入はなかった。でも、数年前のプレアヴィヒア寺院をめぐるタイとカンボジアの場合など、問題が複数の国にわたって発生している場合は、緊張を緩和するためにASEANの仕組みを活用する。

内政について干渉しないながらもお互いをサポートしあおうとするのはASEANにとって良いことだと私は思う。ただ貿易面では、10-Xというアプローチをとっている。10-Xというのは、「準備ができているなら、進めてもよい」という意味である。国際貿易協定の例でいえば、いくつかのASEAN加盟国が、その協定を締結する準備ができているなら、進めてもよい、ということだ。準備できていない国は沈黙を守っていてもいい、というようなことである。ASEANとEUを比較すれば、EUには超国家という原則がある。超国家というのは、権力や、指令を強制的に守らせる力があるということである。つまりEUでは、EU指令が発行されたら、加盟国はこれに従わないといけない。一方、ＡＳＥＡＮでは、ＡＳＥＡＮ事務局がまとめ役だが、事務局には指令を強制的に守らせる力がない。例えばタイや、ミャンマー、カンボジアに指令に従うよう命令することはできず、ＡＳＥＡＮ事務局には法的強制力がないのである。

　私は、全てについてコンセンサスを得る必要があるという意見に賛同する。加盟十ヶ国全ての同意を得る必要がある。一つの国が反対なら、進めることはできない。これには良い点と悪い点がある。良い点は、どんなことで同意する場合も、全員がその恩恵を受けられるということ、悪い点は、物事を進めるのに時間が掛かるということである。その通り、これがＡＳＥＡＮの抱える問題の一つである。ＡＳＥＡＮのもう一つの問題は、協定がたくさんあることである。協定がたくさんある。問題は、我々は全てにおいて全加盟国の同意を得るが、何かを実践するとなると、協定の通りにいかない場合がある。例を挙げると、ＡＳＥＡＮ経済共同体では、ＡＳＥＡＮ ＡＥＣ（経済共同体）ブループリントというものがある。これは、物品の自由な行き来、投資の自由な行き来、サービスの自由な行き来、スキルを持った労働力の自由な行き来を認めるものである。スキルを持った労働力の自由な行き来については、医師、看護師、建築家、エンジニア、会計士、歯科医など七種類の専門職についている人は、ある国から別の国に移動することが可能である。これがこの協定のとても素晴らしい点である。

　この協定は素晴らしいが、実践となるとそうではない。私は、インドネシアの医師がタイに行ったり、インドネシアやラオスの医師がミャンマーに行ったりするケースを見たことがない。そのため、保護貿易主義的なことが起きている。これがＡＳＥＡＮの抱えている問題の一つで、何度も起きているので、この問題を解決する方法を私は知らない。

もう一つの問題は、私が「協力の『ヌードルのどんぶり』」と呼んでいる問題である。つまり、協力の枠組みとして、ＡＳＥＡＮやＪＭＳ（日本・メコン・サミット）、ＩＭＴ－ＧＴ（インドネシア・マレーシア・タイ成長の三角地帯）、ＲＣＥＰ、つまり東アジア地域包括的経済連携がある。ＡＳＥＡＮ加盟国の中には、ＴＰＰ（環太平洋戦略的経済連携協定）に加盟している国もある。ＦＴＡ、つまり自由貿易地域もたくさんあるし、ＡＣＭＥＣＳ（イラワジ・チャオプラヤ・メコン経済協力戦略）の元でも協力している。ＪＭＳもＡＣＭＥＣＳもある。さらに今後、ＣＬＭＶＴ（カンボジア、ラオス、ミャンマー、ベトナム三角地帯）もスタートする。こんなにたくさんの協力の枠組みがあり、時々、同じ問題について何度も話し合うことがある。それが、物事が重複しないように協力の枠組みの各グループ間で必要な調整だからである。政府役人の場合、ただ会議に出席して、時間が来たら仕事にもどって仕事をするだけになってしまうのは、かなり大きな問題である。よって、こういう枠組みのためのコーディネーターが必要だと私は思う。

まとめると、ＡＳＥＡＮについて否定的なことも言ったが、ＡＳＥＡＮはないよりあった方がいい。ＡＳＥＡＮ が存在していれば、インクルーシブな経済的統合が推進できるからである。物品が自由に行き来できる。確かに問題はあるが、明るい面に目を向けると、関税が下がっているので、ＡＳＥＡＮ加盟国内の貿易はこの10年で８００％ほど増えている。ＡＳＥＡＮ域内の貿易量はかなり増えている。貿易量が増えると、それは、成長のエンジンになる。貿易は、ＡＳＥＡＮ地域内のインクルーシヴネスを実現するためのエンジンである。貿易量が増えれば、雇用も増え、貧困層が雇用される。つまり、これがインクルーシヴネスの実現に向けての一つのエンジンである。ですから、ＡＳＥＡＮが存在しているのはいいことである。状況を改善するためには、合意した物事をどのように実践し、実現するか、その方法をもっと話し合う必要がある。これが、ＡＳＥＡＮで重点的に取り組むべき課題の一つである。

あとがき

ＡＳＥＡＮは２０１７年で設立50周年を迎えた。インクルーシヴネスとは平たくいえば「全員参加」のことで、この概念の重要性は民主主義と関わる古くて新しい問題である。ＥＵも、そしてアメリカもインクルーシブネスなき「分断」で揺れている。貧困層、小規模生産者、少数民族、市民を含めた「インクルーシブ」な社会づくりは地球規模の公正をめぐる問題点といえる。本書がＡＳＥＡＮの統合と開発を考えるきっかけとなって、読者の皆様の「インクルーシブネス」を高めることにもつながればこの上ない幸いである。

＊＊＊

本書の出版にあたり、千葉大学リーディング研究プロジェクト「未来型公正社会研究」（代表：水島治郎）および文部科学省 科学研究費補助金新学術領域研究（研究領域提案型）「グローバル関係学」（代表：酒井啓子・千葉大学法政経学部教授）の中の計画研究 A02「政治経済的地域統合」

（課題番号 16H06548、研究代表：石戸光・千葉大学法政経学部教授））および計画研究 B03「文明と広域ネットワーク：生態圏から思想、経済、運動のグローバル化まで」（課題番号 16H06551、研究代表：五十嵐誠一・千葉大学法政経学部准教授））からの助成を受けた。

編集作業においては作品社の福田隆雄氏が時間的制約の中、効率的に作業を進めてくださった。国際シンポジウムの準備・運営にあたっては、リーディング研究プロジェクトの登尾智子さんと濱田江里子さんに、また原稿の校正段階では田代佑妃さんに大変お世話になったことを記して感謝したい。

発題者紹介（登壇順）

全体の発題および進行

石戸　光（千葉大学法政経学部教授）

第一部

ワットチャラス・リーラワス（メコン機構代表）
Watcharas Leelawath Mekong Institute Executive Director

第二部

オー・ヘイン〔Aung Hein〕（ミャンマー経済社会開発センター）

ベン・ベルトン〔Ben Belton〕（ミシガン州立大学およびミャンマー経済社会開発センター）

濱田　江里子（千葉大学法政経学部特任研究員）

キョ・ティハ〔Kyaw Thiha〕（千葉大学医学薬学府留学生）

チョー・チョー・ソー〔Kyaw Kyaw Soe〕（ミャンマーにおける民主化の活動家、日本にてレストラン経営）

杉本　和士（千葉大学大学院専門法務研究科准教授）

モー・ミン・ウー〔Moe Min Oo〕（ミャンマー人の日本への政治難民第一号、俳優、政治活動家、会社経営）

ミャ・ミャ・ウィン〔Mya Mya Win〕（ミャンマーにおける民主化リーダーであり、モー・ミン・ウー氏の母）

藤澤　巌（千葉大学法政経学部准教授）

五十嵐 誠一（千葉大学法政経学部准教授）

【編・著者略歴】

石戸光（いしど・ひかり）

千葉大学法経学部教授（専攻：国際経済論）。1969年生まれ。東京大学工学部卒業（1991年）・同経済学部卒業（1993年）の後、ロンドン大学にてPh.D.取得。国連開発計画、日本貿易振興機構アジア経済研究所を経て現職。APEC（アジア太平洋経済協力）の専門家、国連機関・外務省等での経済研修の講師等を歴任。主要著書：『地球経済の新しい教科書：金・モノ・情報の世界とわたりあう作法』（明石書店）、『相互依存のグローバル経済学：国際公共性を見すえて』（共著／明石書店）、『千葉の内なる国際化：地域と教育の現場から』（千葉日報社）。英語および日本語の専門論文多数。

ASEANの統合と開発——インクルーシヴな東南アジアを目指して

2017年3月24日第1刷印刷
2017年3月31日第1刷発行

編・著者　石戸光

発行者　和田肇
発行所　株式会社作品社
〒102-0072　東京都千代田区飯田橋2-7-4
Tel 03-3262-9753 Fax 03-3262-9757
http://www.sakuhinsha.com
振替口座 00160-3-27183

装　幀　小川惟久
本文組版　有限会社閏月社
印刷・製本　シナノ印刷(株)

Printed in Japan
落丁・乱丁本はお取替えいたします
定価はカバーに表示してあります
ISBN978-4-86182-628-3 C0030
© Ishido Hikari, 2017

21世紀世界を読み解く
作品社の本

近代世界システムと新自由主義グローバリズム
資本主義は持続可能か？
三宅芳夫・菊池恵介 編
水野和夫・広井良典氏らが徹底討論。近代世界システムの展開と資本主義の長期サイクルという歴史的視座から、グローバル資本主義の現在と未来を問う。話題の論者と新進気鋭25人による共同研究。

今とは違う経済をつくるための15の政策提言
現状に呆れている経済学者たちの新宣言
ヨーロッパの怒れる経済学者たち　的場昭弘 監訳　尾澤和幸 訳
「民主主義が機能せず、地球環境は破壊され、貧富の格差が拡がる」世界の現状に呆れはて、怒り心頭の全欧州、経済学者総勢2000人が結集！　全欧州ベストセラーの新宣言！

〈借金人間〉製造工場
“負債”の政治経済学
マウリツィオ・ラッツァラート　杉村昌昭 訳
私たちは、金融資本主義によって、借金させられているのだ！世界10ヶ国で翻訳刊行。負債が、人間や社会を支配する道具となっていることを明らかにした世界的ベストセラー。10ヶ国で翻訳刊行。

なぜ私たちは、喜んで“資本主義の奴隷”になるのか？
新自由主義社会における欲望と隷属
フレデリック・ロルドン　杉村昌昭 訳
“やりがい搾取”“自己実現幻想”を粉砕するために──。欧州で熱狂的支持を受ける経済学者による最先鋭の資本主義論。マルクスとスピノザを理論的に結合し、「意志的隷属」というミステリーを解明する。

私たちの“感情”と“欲望”は、いかに資本主義に偽造されているか？
新自由主義社会における〈感情の構造〉
フレデリック・ロルドン　杉村昌昭 訳
社会を動かす“感情”と“欲望”の構造分析。“怒れる若者たち”に熱狂的に支持される経済学者が、“偽造”のメカニズムを哲学と社会科学の結合によって解明した最先鋭の資本主義批判

［徹底解明］
タックスヘイブン
グローバル経済の見えざる中心のメカニズムと実態
R・パラン／R・マーフィー／C・シャヴァニュー
青柳伸子 訳　林尚毅 解説
構造とシステム、関連機関、歴史、世界経済への影響…。研究・実態調査を、長年続けてきた著者３名が、初めて隠蔽されてきた“グローバル経済の中心”の全容を明らかにした世界的研究書。

21世紀世界を読み解く

作品社の本

肥満と飢餓

世界フード・ビジネスの不幸のシステム

ラジ・パテル　佐久間智子訳

なぜ世界で、10億人が飢え、10億人が肥満に苦しむのか？世界の農民と消費者を不幸するフードシステムの実態と全貌を明らかにし、南北を越えて世界が絶賛の名著！《日本のフード・システムと食料政策》収録

モンサント

世界の農業を支配する遺伝子組み換え企業

M・M・ロバン　村澤真保呂／上尾真道訳　戸田清監修

次の標的は、TPP協定の日本だ！PCB、枯葉剤…と史上最悪の公害を繰り返し、現在、遺伝子組み換え種子によって世界の農業への支配を進めるモンサント社——その驚くべき実態と世界戦略を暴く！

ブラックウォーター 世界最強の傭兵企業

ジェレミー・スケイヒル　益岡賢・塩山花子訳

殺しのライセンスを持つ米国の影の軍隊は、世界で何をやっているのか？　今話題の民間軍事会社の驚くべき実態を初めて暴き、世界に衝撃を与えた書。『ニューヨーク・タイムズ』年間ベストセラー！

ワインの真実

本当に美味しいワインとは？

ジョナサン・ノシター　加藤雅郁訳

映画『モンドヴィーノ』の監督が、世界のワイン通に、再び大論争を巻き起こしているベストセラー！ 世界の「絶品ワイ148」「醸造家171」を紹介！「本書を読むと、次に飲むワインの味が変わる……」

モビリティーズ

移動の社会学

ジョン・アーリ　吉原直樹ほか編

観光、ＳＮＳ、移民、テロ、モバイル、反乱……。“新たな社会科学”のパラダイムを切り拓く、『社会を越える社会学』を超える〈移動の社会学〉の集大成。新たな古典となる必読書。

軍事大国ロシア

新たな世界戦略と行動原理

小泉悠

世界をいかに変えようとしているか？　多極世界におけるハイブリッド戦略、大胆な軍改革、準軍事組織、機構と実力、世界2位の軍需産業、軍事技術ハイテク化…。話題の軍事評論家、渾身の書き下し！

セルジュ・ラトゥーシュの著書

〈脱成長〉は、世界を変えられるか？

贈与・幸福・自律の新たな社会へ

中野佳裕 訳

グローバル経済に抗し、"真の豊かさ"を求める社会が今、世界に広がっている。〈脱成長〉の提唱者ラトゥーシュによる"経済成長なき社会発展"の方法と実践。

経済成長なき社会発展は可能か？

〈脱成長〉と〈ポスト開発〉の経済学

中野佳裕 訳

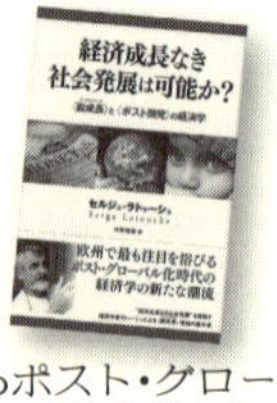

欧州で最も注目を浴びるポスト・グローバル化時代の経済学の新たな潮流。"経済成長なき社会発展"を目指す経済学者ラトゥーシュによる〈脱成長（デクロワサンス）〉理論の基本書。

欧州で最も注目を浴びる、21世紀の経済学の新たな潮流——
「新たなコミュニズムの仮説」

（アラン・バディウ）

ダニエル・コーエンの著書

経済と人類の1万年史から、21世紀世界を考える

林 昌宏［訳］

ヨーロッパを代表する経済学者による
欧州で『銃・病原菌・鉄』を超えるベストセラー！

「経済学」というコンパスを使った、人類文明史への壮大なる旅。いかに経済が、文明や社会を創ってきたか？　そして、21世紀、資本主義と人類はどうなるのか？

経済は、人類を幸せにできるのか？

〈ホモ・エコノミクス〉と21世紀世界

林 昌宏［訳］

トマ・ピケティ（『21世紀の資本』）絶賛！
「コーエン先生は、経済と人間の関係について、
最も深い示唆を我々に与え続けてくれる……」

経済とは何か?　人間の幸せとは何か?　新興国の台頭、米国の衰退、技術革新と労働の変質…。経済と人類の歴史的転換期のなかで、その核心に迫る 。

ジャック・アタリの著書

21世紀の歴史

未来の人類から見た世界

林昌宏訳

「世界金融危機を予見した書」——ＮＨＫ放映《ジャック・アタリ 緊急インタヴュー》で話題騒然。欧州最高の知性が、21世紀政治・経済の見通しを大胆に予測した"未来の歴史書"。amazon総合１位獲得

国家債務危機

ソブリン・クライシスに、いかに対処すべきか？

林昌宏訳

「世界金融危機」を予言し、世界がその発言に注目するジャック・アタリが、国家主権と公的債務の歴史を振り返りながら、今後10年の国家と世界の命運を決する債務問題の見通しを大胆に予測する。

金融危機後の世界

林昌宏訳

世界が注目するベストセラー！100年に一度と言われる、今回の金融危機——。どのように対処すべきなのか？ これからの世界はどうなるのか？ ヘンリー・キッシンジャー、アルビン・トフラー絶賛！

危機とサバイバル

21世紀を生き抜くための〈7つの原則〉

林昌宏訳

日本は、没落の危機からサバイバルできるか？ 予測される21世紀の混乱と危機から、個人／企業／国家が生き残るための原則とは？ 欧州最高の知性が、知識と人生体験の全てを基に著したベストセラー。

ユダヤ人、世界と貨幣

一神教と経済の4000年史

的場昭弘訳

なぜ、グローバリゼーションの「勝者」であり続けるのか？ 自身もユダヤ人であるジャック・アタリが、『21世紀の歴史』では、語り尽くせなかった壮大な人類史、そして資本主義の未来と歴史を語る待望の主著！

未来のために何をなすべきか？

積極的社会建設宣言

＋積極的経済フォーラム 的場昭弘訳

私たちは未来を変えられる—— 〈長期的視点〉と〈合理的愛他主義〉による「積極的社会」実現のための17の提言。

ジョヴァンニ・アリギの著書

北京のアダム・スミス

21世紀の諸系譜

中山智香子ほか訳　山下範久解説

21世紀資本主義の〈世界システム〉は、中国の台頭によってどうなるのか？東アジアの経済的復興と新たな〈世界システム〉への転換を、アダム・スミスの経済発展理論をもとに、壮大な歴史的視野から分析し、世界的な話題を巻き起こした注目の書！　世界10カ国で翻訳出版。

【付】

アリギ生前最後のインタビュー

（聞き手：デヴィット・ハーヴェイ）

日本語版解説

山下範久《資本主義から市場社会へ》

「目から鱗が落ちるとは、このことではないか！
一読の価値のある大著だ」

（姜尚中『朝日新聞』書評より）

「東アジアの復興に伴う世界像の変化を、いかに説明するか？
本書は、著者アリギの21世紀世界像であり、
世界システム論の到達点である」

（川北稔『日経新聞』書評より）

長い20世紀

資本、権力、そして現代の系譜

土佐弘之ほか訳

20世紀資本主義の〈世界システム〉の台頭と終焉を、壮大なスケールで分析した世界的名著。いかに〈マネー〉と〈パワー〉は「長い20世紀」を終焉させ、新たな時代を作ろうとしているのか？世界11カ国で翻訳出版。

「〔世界金融危機について〕たんに混乱をあおるだけで
何の洞察もない本や雑誌を読みあさるなら、
せめて、こういう本に目を通すべきであろう。」

（柄谷行人『朝日新聞』書評より）

デヴィッド・ハーヴェイの著書

新自由主義
その歴史的展開と現在

渡辺治監訳　森田・木下・大屋・中村訳

21世紀世界を支配するに至った「新自由主義」の30年の政治経済的過程と、その構造的メカニズムを初めて明らかにする。　渡辺治《日本における新自由主義の展開》収載

資本の〈謎〉
世界金融恐慌と21世紀資本主義

森田成也・大屋定晴・中村好孝・新井田智幸 訳

なぜグローバル資本主義は、経済危機から逃れられないのか？この資本の動きの〈謎〉を解明し、恐慌研究に歴史的な一頁を加えた世界的ベストセラー！**「世界の経済書ベスト5」（カーディアン紙）**

反乱する都市
資本のアーバナイゼーションと都市の再創造

森田成也・大屋定晴・中村好孝・新井大輔 訳

世界を震撼させている“都市反乱”は、21世紀資本主義を、いかに変えるか？　パリ・ロンドンの暴動、ウォールストリート占拠、ギリシア・スペイン「怒れる者たち」…。混迷する資本主義と都市の行方を問う。

コスモポリタリズム
自由と変革の地政学

大屋定晴・森田成也・中村好孝・岩崎明子訳

政治権力に悪用され、新自由主義に簒奪され、抑圧的なものへと転化した「自由」などの普遍的価値を、〈地理的な知〉から検討し、新たな「コスモポリタニズム」の構築に向けて、すべての研究成果を集大成した大著

〈資本論〉入門

森田成也・中村好孝訳

世界的なマルクス・ブームを巻き起こしている、最も世界で読まれている入門書。グローバル経済を読み解く、『資本論』の広大な世界へ！

〈資本論〉第2巻 第3巻 入門

森田成也・中村好孝訳

グローバル経済を読み解く鍵は〈第２巻〉にこそある。難解とされる〈第２巻〉〈第３巻〉が、こんなに面白く理解できるなんて！

国家と対峙するイスラーム

マレーシアにおけるイスラーム法学の展開

塩崎悠輝

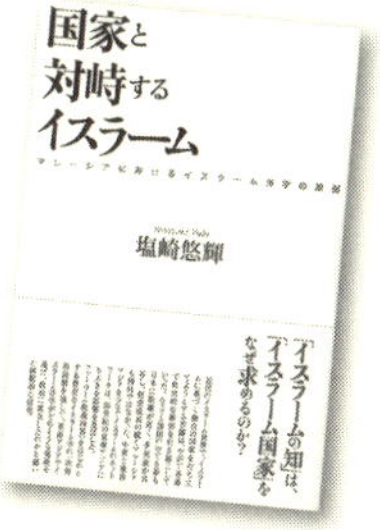

**「イスラームの知」は、「イスラーム国家」を
なぜ求めるのか？**

近代のイスラーム世界で、イスラームに基づく独自の国家を打ち立てようとする苦闘は、やがて各地で政治的な衝突を引き起こしていった。ムスリム諸国の中でも最も日本に距離が近く、多民族が共存し、経済成長の続くマレーシアも例外ではなかった。中東と東南アジアをつなぐイスラームのネットワークは、20世紀の東南アジアにも大きな影響を及ぼした。
ファトワー（教義回答）をはじめとする豊富なイスラーム学の一次資料読解を通して、東南アジアでイスラーム法学がどのような発展を遂げ、政治に波及したのかを描いた画期的な研究。

2100年への パラダイム・シフト

日本の代表的知性50人が、世界／日本の大変動を見通す

広井良典＋大井浩一 編

日本を代表する50人の知性が
“21世紀の歴史”の
大転換を予測する

資本主義の危機、ポピュリズムの台頭、宗教とテロ、覇権国家の交代……世界、そして日本はどうなるのか？

【内容構成】

序論：超長期の歴史把握と現在

変質する国家、テロと暴力の未来

〈資本主義〉と〈経済成長〉に未来はあるか？

人類は〈核〉に依存し続けるのか？

民主主義システムと新たな倫理

変貌する教育と文化・芸術のあり方